Kazuaki Tanahashi
Friederike Juen Boissevain

HOHER HIMMEL, GROSSER WIND

Kazuaki Tanahashi
Friederike Juen Boissevain

Hoher Himmel, Großer Wind

Leben und Poesie
des Zen-Meisters Ryōkan

sprachlichter

Das Buch ist erstmals 2012 in der *Edition Steinrich* erschienen. Wir danken Frau Ursula Richard sehr herzlich für die Zusammenarbeit.

3. Auflage

Sprachlichter Verlag, Darmstadt 2023
Umschlagmotiv und Abbildung S. 6: Kazuaki Tanahashi
Umschlaggestaltung: Antonia Henschel,
Sign Kommunikation, Frankfurt/M.
Gestaltung und Satz: Grafikstudio Scheffler, Berlin
Druck, Bindung: DieDrucker.de Gmbh & Co. KG, Reinheim
Gedruckt in Deutschland
ISBN: 978-3-948824-25-9

www.sprachlichter.de

Widmung

für alle, die Einfachheit lieben.

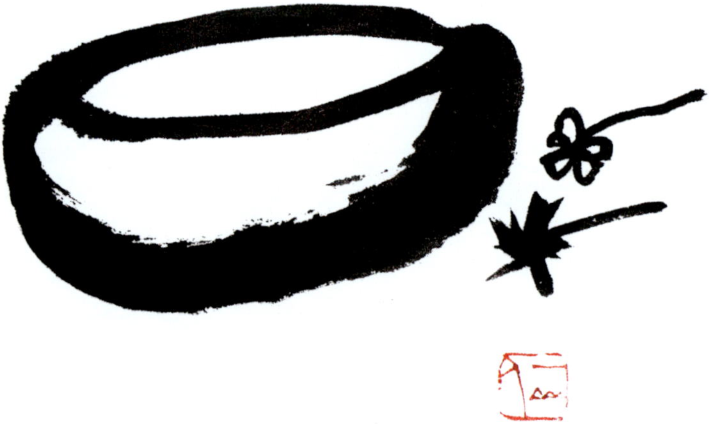

Inhalt

Vorwort

Das vorliegende Buch entstand aus Liebe zu Daigu Ryōkan – seiner Poesie, seiner Kalligraphie und seinem Leben. Es enthält zahlreiche, bisher nicht in deutscher Sprache veröffentlichte Gedichte und Anekdoten und widmet sich ausführlich dem kalligraphischen Werk Ryōkans. Dieses Buch ist auch ein wunderbares Beispiel dafür, dass Kunst und Poesie sich ihren eigenen Pfad weben und nichts sie darin aufhalten kann: weder Kontinente noch Kulturen, noch Jahrhunderte.

Ein Pilger des frühen neunzehnten Jahrhunderts. Ein japanischer Kalligraphie-Meister. Eine deutsche Ärztin. Ein Zen-Kloster im Westen der USA. Ein erstes Gespräch.

Kazuaki Tanahashi:
Dieses Buch reiht sich ein in meine bisher übersetzten Texte von Dōgen Zenji und Hakuin, die meiner Meinung nach zu den bedeutendsten Persönlichkeiten im japanischen Zen-Buddhismus gehören. Es ist nicht schwer, zwischen den Meistern Gemeinsamkeiten zu entdecken, was ihre Suche und ihre Übung, ihr tiefes Erwachen und ihre Lehre anbetrifft.

Auf der anderen Seite scheinen sie eine Art Dreieck der Extreme in ihrem Ausdruck des tiefen Erwachens zu bilden:

Dōgen Zenji (1200–1253) war ein tiefgründiger, hochgebildeter Vordenker und ein begnadeter Schriftsteller, der eine frühe japanische Zen-Gemeinde anleitete. Seine Empfehlungen für die ungegenständliche Meditation (Zazen) sind bis heute wegweisend. Er gilt als der Begründer des Sōtō-Zen, eine der beiden Hauptschulen im Zen-Buddhismus, und er hinterließ genaue Anleitungen für das Klosterleben, in deren Mittelpunkt die Übung des »reinen Sitzens« steht.

Hakuin (1685–1768) war ein kämpferischer, energischer Erklärer der Zen-Lehre. Seine Ausdrucksweise war eher ungehobelt, manchmal deftig, oft ausgesprochen lustig. Er systematisierte die Koan-Übung – die meditative Arbeit mit absurd scheinenden, rätselhaften Dialogen, Fragen oder Begebenheiten. Hakuin gilt als Erneuerer der zweiten Hauptschule des japanischen Zen, des Rinzai-Zen.

Im Gegensatz zu Dōgen und Hakuin war Ryōkan ein Einzelgänger. In seinem Mikrokosmos der kontinuierlichen Zen-Übung erschuf er ein reiches Werk an herausragenden Gedichten und Kalligraphien.

Friederike Boissevain:
Vor mehr als zehn Jahren kamen in einer landschaftlich sehr schönen, entlegenen Region Deutschlands einige Menschen zusammen, um miteinander zu meditieren und etwas über Zen-Buddhismus zu erfahren. Einen der ersten Texte, den wir in der anschließenden Teerunde lasen, waren Gedichte Ryōkans. Sie bildeten einen wohltuenden Kontrast zu der gefühlten und manchmal tatsächlich vorhandenen Strenge des Zen, das zunächst als karg und scheinbar freudlos erscheinen kann.

Im Gegensatz zu den Texten alter buddhistischer Meister, die nicht selten ein hohes Maß an Fachwissen erfordern, erschließen sich die Gedichte Ryōkans meistens sofort. Obschon auch er ein sehr belesener Mensch gewesen sein muss und viele seiner Gedichte in Kenntnis der enthaltenen Andeutungen nochmals eine andere Note erhalten, kann Ryōkan auch bar jeder spirituellen Vorbildung verstanden werden.

Seine Sprache mutet einfach an, manchmal vielleicht sogar naiv, fast schlicht. Das war sein »Markenzeichen« und hiermit reiht er sich ein in eine lange Tradition großer buddhistischer Lehrer, welche, wie zum Beispiel Tōzan Ryōkai (807–869), empfehlen: »Sei wie ein Narr, wie ein Trottel. Bleib unwissend, schau dumm aus, nur zu, immer zu …«

Ryōkan, dessen Mönchsname Daigu »großer Tölpel, gut und weit« bedeutet, hatte so die Möglichkeit, sich Freiheiten herauszunehmen, die innerhalb der gesellschaftlichen Normen seines Jahrhunderts sonst nicht möglich gewesen wären. Zu einer Zeit, in der die eigenen Empfindungen allenfalls verschlüsselt und fast nie öffentlich geäußert wurden, berichtet er auf eine sehr ehrliche Weise von seinen Missgeschicken und Nöten, von seiner Einsamkeit, der Liebe zur buddhistischen Lehre oder dem Verlust seiner Mutter.

Ryōkan rührt uns, denn er beschreibt die universell gültigen Erfahrungen eines sensiblen Menschen. Seine Fürsorge für die Umgebung ist berührend – ob es ein alter Pinsel ist, den er mit seinem Atem wärmt, oder eine neue Vase, der er ein Liebesgedicht widmet. Seine Gedichte sprechen immer wieder von zutiefst menschlichen Sorgen und Nöten.

Seine Sprache war wie sein Leben: einfach, konsequent, ehrlich. Auf seine Umwelt – von den Bauern in seinem Dorf bis hin zu den Schriftgelehrten, die ihn regelmäßig aufsuchten – machte er einen nachhaltigen, tiefen Eindruck, was letztendlich die Verbreitung seiner Kunst erst ermöglichte. Seine Faszination dauert bis heute an. So komplex und kompliziert unser Leben inzwischen aussehen mag, die Empfehlungen für eine gesunde, heilsame Lebensweise haben sich seit über zweitausend Jahren nicht geändert: sich selbst gut kennen und genügsam sein. Gutes verbreiten.

Dennoch war Ryōkan, der häufig als lächelnder, mit Kindern herumtollender und scheinbar sorglos in den Tag hineinlebender Mönch dargestellt wird, kein schwärmerischer Illusionist. Wir würden ihm Unrecht tun, ihn als einen »Romantiker« zu bezeichnen, wenngleich das letzte Drittel seines Lebens in die gleichnamige europäische Periode fällt. Ryōkans Güte und Milde, seine bejahende Lebenshaltung und sein Humor sind auch das Resultat eines langjährigen klösterlichen Trainings und eines überaus entbehrungsreichen Lebens gewesen. Wenn wir uns nur für einen Moment vor Augen halten, was es bedeutet haben muss, sein Leben fernab der Gesellschaft in einer Grashütte zu verbringen, können wir erahnen, dass Ryōkan über ein hohes Maß an Selbstdisziplin verfügt haben muss.

Als Außenseiter sowohl der japanischen Gesellschaft als auch der Zen-Gemeinde könnte man Ryōkan vielleicht als einen gescheiterten Zen-Lehrer betrachten. Auch mag sein Lebensstil uns nicht unbedingt als Vorbild eines einfachen Lebens erscheinen. Es war *seine* Art zu leben und es mit uns durch Gedichte und Kalligraphie zu teilen. Wenn wir uns näher mit ihm beschäftigen, werden wir erkennen, dass er ein überaus vielfältiges, lebendiges Leben lebte, von dem er selbst oft betonte, es sei »eines der Besten«.

Auch darin kann er uns, die wir über ein ungleich höheres Maß an Annehmlichkeiten und Möglichkeiten verfügen, eine Inspiration sein.

Danksagung

Dieses Buch hätte ohne die tatkräftige Unterstützung vieler weiterer Menschen nicht geschrieben werden können. Wir möchten uns bei allen bedanken, die uns geholfen und in unserer Idee bestärkt haben, insbesondere bei Toshirō Tanikawa, ohne dessen Ausgabe der gesammelten Werke Ryōkans dieses Buch nicht hätte entstehen können.

Eine sechsjährige Arbeit kann nicht wachsen ohne kontinuierlichen Zuspruch und kritische Begleitung. Wir danken Harald Schöcklmann und Kathrin Bonn für wertvolle Lektoratsarbeit, Sascha Germer für seine sorgfältige Durchsicht, Tsuyoshi Mieda, Mahiru Watanabe, Asaki Watanabe, Tachio Iijima und Cedarose Siemon für ihre Hilfe bei den Illustrationen, sowie dem Ryōkan Memorial Museum und Ken'chi Yasuda für die Erlaubnis des Abdrucks einiger Kalligraphien.

Wir bedanken uns sehr für die Unterstützung unserer Verlegerin Ursula Richard sowie Thorsten Scheu vom Sprachlichter Verlag für die Neuauflage des Buches.

Kazuaki Tanahashi
Friederike Juen Boissevain

Teil eins

Biographie

Kindheit und Jugend

Ryōkan war der erstgeborene Sohn von Jirōzaemon und Hideko Yamamoto. Er kam im zwölften Monat des Jahres 1758 in einer Hafenstadt namens Izumosaki in der Provinz Echigo auf die Welt. Izumosaki, auf einem schmalen Streifen zwischen dem Meer und einer hügeligen Landschaft gelegen, hatte eine Schlüsselstellung auf der Handelsstraße Hokkoku (nördliches Land) inne, die auf der Seite der japanischen See zur Hauptinsel führte.

Von der Stadt aus konnte man gerade eben noch die Insel Sado erahnen, auf der Gefangene zur Zwangsarbeit in Japans größter Goldmine gezwungen wurden.

Der offizielle Name der Familie Yamamoto lautete Tachibanaya. Sie verdankte diesen hochangesehenen Titel ihrer Funktion als Ortsvorsteher, welche unter dem Regiment der Shōgun seit Generationen innerhalb der Familie vererbt worden war. Der Herr des Hauses fungierte auch als Shintō-Priester, der Zeremonien im lokalen Schrein durchführte. Ryōkans Vater, Jirōzaemon, war ein in der Gegend bekannter Haiku-Dichter, der den Dichternamen Inan trug. Ryōkans Kindheitsname lautete Eizō; er hatte drei Schwestern und drei Brüder.

Im Alter von elf Jahren wurde Eizo zu einem Verwandten in den etwa 15 km entfernten Ort Jizōdō geschickt, um chinesische und japanische Literatur an einer Privatschule zu lernen, die von dem konfuzianischen Schriftgelehrten Shiyō Ōmori geleitet wurde. Da sein Vater sich von seinem Posten als Ortsvorsteher zurückziehen wollte, machte dieser Eizō im Alter von sechzehn

Jahren zu seinem Lehrling. Aber Eizō rannte eines Tages von zu Hause fort, fand Schutz im Nachbarort Amaze und wurde dort noch im gleichen Jahr Novize im Tempel Kōshō.

Im Alter von achtzehn Jahren wurde Ryōkan dort vom Abt Genjo Haryō ordiniert und erhielt den Mönchsnamen Daigu Ryōkan (»Großer Tölpel, gut und weit«).

Es ist nicht klar, warum der Junge mit sechzehn sein Zuhause verließ. Einer Legende nach wurde Eizō an der Seite seines Vaters Zeuge der Enthauptung eines Kriminellen und wollte, zutiefst aufgewühlt, dieser Pflicht um nichts in der Welt ein weiteres Mal nachkommen müssen.

Einer anderen Legende nach scheiterte er bei dem Versuch, Streit zwischen Ortsbewohnern und dem ersten Magistrat zu schlichten, weil er zu ehrlich war und kein Gespür für Diplomatie hatte. Eizō soll die an ihn persönlich gerichteten Nachrichten einer Partei der jeweils anderen Partei zu lesen gegeben haben. Am Ende fühlten sich beide Fraktionen zutiefst in ihrer Ehre gekränkt und beschuldigten Eizō, für das ihnen vermeintlich zugestoßene Unrecht verantwortlich zu sein.

Klosterjahre

Vier Jahre später besuchte Tainin Kokusen, langjähriger Abt des Klosters Entsū und Lehrer von Ryōkans Lehrer Haryō, den Tempel, um eine Ordinations-Zeremonie abzuhalten. Ryōkan war tief beeindruckt von Kokusens bescheidener, ihm als vollendet erscheinender Persönlichkeit. Er bat ihn, sein Schüler werden zu dürfen, und begleitete den sechsundfünfzigjährigen Meister zu seinem in der Provinz Bitchu gelegenen Kloster (heutige Präfäktur Okayama), in einer der westlichen Regionen der Hauptinsel.

Dieses Kloster war ein relativ kleiner Tempel, der sich auf der Spitze eines einzeln liegenden, runden Berges der Stadt Tamashima inmitten einer Tiefebene befand. Der unermüdlichen Anstrengung Kokusens, der unter anderem genaue Richtlinien für die Übung in seinem Tempel verfasst hatte, war es zu verdanken, dass dieser zu einer der besten Ausbildungsstätten innerhalb einer der beiden Zen-Schulen Japans, der Sōtō-Zen-Schule, geworden war.

Kokusen hielt sich exakt an die Zen-Übung, wie sie vom Begründer seiner Schule, Eihei Dōgen, im dreizehnten Jahrhundert beschrieben und eingeführt worden war. Dōgen wurde nicht müde zu betonen, dass die Praxis selbst bereits tiefes Erwachen bedeutet. Darüberhinaus legte er minutiöse Anweisungen für den klösterlichen Alltag fest.

Ryōkan nahm gemeinsam mit den anderen Mönchen an dem strengen Tagesablauf teil, der weit vor dem Morgengrauen begann und bis in die Nacht hinein reichte. Neben der Meditation widmete er sich dem Säubern der Tempelanlage, er schnitt Feuerholz, kochte, bediente Gäste, kümmerte sich um den Klostergarten, hörte Dharma-Reden, ging zum traditionellen Bettelgang, lies sich in Einzelgesprächen von Kokusen unterweisen, studierte Zen-Texte und Schriften.

Im Hinblick auf diese Zeit wird Ryōkan später lachend zitiert: »Die Übung unseres Meisters bestand in Erdarbeiten, Steine klopfen und Findlinge umherwuchten«. Auch den Berichten anderer Schüler nach scheinen viele der Anweisungen Kokusens durch vereinte und stille Anstrengung in Form von Meditation und körperlicher Arbeit gegeben worden zu sein.

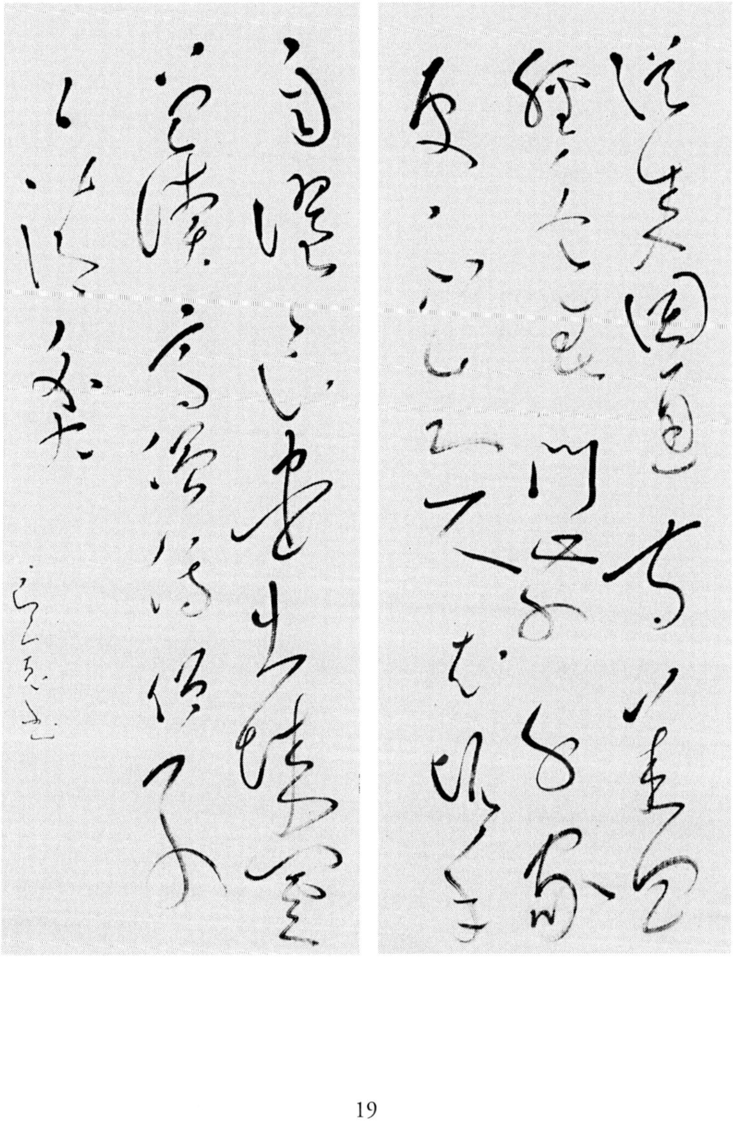

Entsū-ji

Wie oft ist es Winter und Frühling geworden,
seit ich in Entsū-ji eintrat?
Habe ich unten in der Stadt mit ihren eintausend Pferden
auch nur einen einzigen Menschen gekannt?
Wenn meine Robe schmutzig wird, wasche ich sie.
Wenn mein Essen zur Neige geht, mache ich mich auf in
die Stadt.
Dereinst las ich aus dem Leben hoher Mönche:
Arm zu bleiben ist gut für uns Suchende.

Vielleicht waren Ryōkan die Worte Dōgens bekannt: »Die den Weg üben, müssen arm sein.«

1790, im Alter von dreißig Jahren, erhielt Ryōkan von Kokusen einen Stab, der seine Lehrbefugnis bedeutete. Auf ihm befand sich ein Vers der Anerkennung:

Mein guter Narr, Dein Weg ist von großer Weite.
So frei und leicht den Dingen ihren Lauf zu lassen, wer kann
Dich verstehen?
Nun vertraue ich Dir einen bergförmigen Stock an.
Wo eine Wand, findet sich auch ein Ort fürs Nickerchen.

So beendete Ryōkan seine Zen-Ausbildung. Kokusen verstarb im folgenden Jahr. Danach verließ er sein Kloster, um seine Übung als Mönch weiter zu vertiefen.

Er unternahm eine Pilgerreise zu den verschiedenen Tempeln und Klöstern der Hauptinsel, aber auch den Inseln Kyūshū und

Shikoku und bettelte dabei um Essen und Unterkunft. Doch fühlte er sich schwer enttäuscht über die seiner Ansicht nach erheblichen Mängel an ursprünglicher Geisteshaltung, an Hingabe und Verantwortungsgefühl unter den Buddhisten seiner Zeit.

Dichter auf Wanderschaft

Ryōkan schrieb seit seiner Jugend Haiku. In seiner Heimatstadt lebten einige Dichter, auch sein Vater war darunter.

Später schrieb Ryōkan auf ein Bildnis, das ein Künstler vom Begründer der Haiku-Poesie, Bashō (1644–1694) angefertigt hatte, folgendes Gedicht:

> Es gab keinen Bashō vor Bashō.
> Es gab keinen Bashō nach Bashō.
> Ah, Bashō, Bashō!
> Für Tausende von Jahren zu verehren.

Während seiner Wanderjahre schrieb Ryōkan einige Tanka-Gedichte, die auch seine intensive Beschäftigung mit der klassischen Literatur zum Ausdruck brachten, so das Kokin-shū, eine kaiserliche Anthologie aus dem frühen zehnten Jahrhundert – einer Zeit, zu der die Kultur bei Hofe in prächtiger Blüte stand. Ryōkan veränderte die alten Werke, indem er eine Zeile hinzufügte oder in Anlehnung daran ein neues Gedicht schrieb.

Später verfasste er hierzu ein Gedicht im chinesischen Stil:

> Während meiner Wanderzeit vor vierzig Jahren
> kämpfte ich, einen Tiger malen zu können, aber es sah
> noch nicht einmal nach einer Katze aus.
> Wenn ich heute darüber nachdenke – auf bestem Wege,
> mich vom Festhalten an der Klippe zu befreien,
> bin ich immer noch der Eizō meiner jungen Jahre.

Außer wenigen Gedichten ist nicht bekannt, was dieser namenlose Pilger auf seiner Reise alles unternahm – abgesehen von einer kurzen Erinnerung von Banjo Kondō (1776–1848), einem Gelehrten in japanischer Literatur und Waka-Dichter:

> Vor vielen Jahren besuchte ich die Provinz Tosa (auf der Insel Shikoku), als kurz vor der Stadt (Takamatsu) ein heftiger Regenguss herabprasselte.
>
> Ich erspähte eine völlig heruntergekommene Hütte am Fuße eines Berges, abseits des Weges. Ein Mönch mit einem dünnen, blassen Gesicht, der neben dem Feuer saß, hieß mich darin willkommen, eröffnete mir aber, dass er weder Essen noch eine Schlafgelegenheit für mich hätte.
>
> Wir wechselten ein paar Worte, danach verstummte er. Versuchte ich, mit ihm ins Gespräch zu kommen, lächelte er nur. Er meditierte nicht, er schlief nicht, er rezitierte keine Sutren. Ich dachte, der Arme hätte ein Seelenleiden, und legte mich bald darauf an die Feuerstelle. Als ich am nächsten Morgen aufwachte, sah ich den Mönch ebenfalls am Feuer, im Tiefschlaf, seinen Arm als Kissen benützend.
>
> Es regnete immer noch zu heftig, um meine Reise fortzu-

setzen. Daher fragte ich ihn, ob ich noch eine Weile bleiben dürfte. Er antwortete, ich könne bleiben, so lang ich wollte. Ich war so froh. Mittags mischte er Gerstenpuder mit heißem Wasser für uns beide.

Ich sah mich um und stellte dabei fest, dass er keinerlei Besitztümer hatte, abgesehen von einer kleinen Buddha-Figur aus Holz und zwei Büchern, die sich auf einem Tischchen befanden. Eines davon war der chinesische Klassiker *Zhuangzi*.

Darin war ein Blatt Papier, auf dem in Kursivschrift ein Gedicht geschrieben war, vielleicht von diesem Mönch. Da ich mich mit chinesischer Poesie nicht ausreichend genug befasst hatte, vermochte ich nicht zu sagen, ob es ein gutes Gedicht war oder nicht. Aber die Kalligraphie war famos.

Daher nahm ich zwei Faltfächer aus meinem Gepäckkorb und bat ihn darum, eine Kalligraphie zu den Malereien von Pflaumenblüten mit einer Nachtigall und vom Berg Fuji anzufertigen. Er machte sich umgehend ans Werk. Ich habe vergessen, was er genau schrieb, aber ich erinnere mich daran, dass er am Ende seiner Kalligraphie auf den Fächer mit dem Bild vom Berg Fuji eine Signatur setzte, welche lautete: »Wer sagt dies? Geschrieben von Ryōkan aus der Provinz Echigo.«

Anfang 1778, dem Jahr, in dem Ryōkan ins Kloster Entsū eintrat, wurde sein jüngerer Bruder Yūshi zum Ortsvorsteher in Ausbildung ernannt. 1783 starb ihre Mutter Hide. 1786 gab Ryōkans Vater Inan alle berufliche Verantwortung an Yūshi weiter.

Im Jahre 1795 verfasste Inan ein Todesgedicht, wie es für eine literarisch gebildete Person üblich war, und ertränkte sich im

Fluss Katsura in Kyōto. Die Gründe sind unklar. Der Legende nach gehörte er zu jenen, welche die Wiederherstellung der kaiserlichen Herrschaft unterstützten. Hierzu soll er ein Manuskript mit dem Titel »Bericht der Himmlischen Wahrheit« verfasst haben. Unter dem strikten Regime des Shōgunats war es Inan jedoch nicht möglich, sein Werk zu veröffentlichen oder zu verteilen.

Ryōkan wurde umgehend vom Tode seines Vaters unterrichtet. Er begab sich nach Kyōto und nahm an einer Beerdigungszeremonie teil, die neunundvierzig Tage nach dessen Tod abgehalten wurde. Danach wanderte er in südwestliche Richtung und bestieg den Berg Kōya, wo sich der Haupttempel der Shingon-Schule befand.

Ryōkan verfasste seines Vaters eingedenk folgendes Gedicht:

> In einem alten Tempel
> tief auf dem Berg Kōya
> in der Provinz Kii
> höre ich stundenlang zu,
> wie Tropfen von einem Zedernbaum
> herabfallen.

Danach kehrte er in seine Heimatprovinz Echigo zurück.

Sehnsucht nach dem Alten

Nachdem Ryōkan an verschiedenen Orten in der Nähe seiner Heimatstadt gelebt hatte, ließ er sich um 1796, im Alter von neununddreißig Jahren, in einer Grashütte auf einem steilen Hügel des Berges Kūgami nieder, etwa zwanzig Kilometer nordöstlich der Hafenstadt Izumosaki.

Der Berg, dessen Name so viel wie »Gipfel der Provinz« bedeutet, überschaut ganz Echigo. Er beherbergt Kokujō-ji, einen großen Tempel der Shingon-Schule, der in alten Zeiten knapp unterhalb des Gipfels errichtet wurde.

Etwas tiefer gelegen, auf seiner Westseite, befindet sich ein weiterer Shingon-Tempel namens Hongaku

Ryōkan wurde gestattet, etwas oberhalb, in einer auf der Tempelrückseite gelegenen, aus einem einzigen Zimmer bestehenden Grashütte zu wohnen. Die Hütte trug den Namen Gogō-an, was so viel wie »Fünf Rationen Hütte« bedeutet. Sie diente in früheren Zeiten einem Mönch, der beim Wiederaufbau des Tempels mitgeholfen hatte und hierfür täglich fünf kleine Kellen an Reis im Austausch erhielt – eine Regelung, die allerdings nicht für Ryōkan galt.

Ryōkan lebte zwanzig Jahre lang in dieser bescheidenen Hütte, von seinem neununddreißigsten bis zu seinem neunundfünfzigsten Lebensjahr. Dieser Abschnitt kann, im Hinblick auf Poesie und Kalligraphie, als seine reife Periode betrachtet werden. Von einem Bekannten borgte er sich eine Kopie des *Man'yō Shū (Zehntausend Blätter Anthologie)*, eine der frühesten und umfassendsten Sammlungen japanischer Poesie des Altertums. Sie wurde zu Mitte des achten Jahrhunderts zusammengestellt, noch vor der Entwicklung einer hochgebildeten Dichtkunst am kaiserlichen Hofe. Ryōkans Vorbilder in der Kalligraphie waren vor allem die Werke klassischer Meister wie Huaisu (725–785) und Tōfū Ono (Ono no Tōfū, 896–966).

Während Ryōkan in Gogō-an lebte, verließ seinen Bruder Yūshi zunehmend das Glück sowohl als Ortsvorsteher als auch innerhalb der Familie. Im Jahr 1810, nach einem verlorenen Gerichtsurteil am kaiserlichen Hofe gegen die Familie Kyo-ya aus Amaze, wurde das gesamte Vermögen der Yamamotos konfisziert und Yūshi aus der Stadt gejagt. Zur gleichen Zeit starb Yūshis Frau Yazu. In seiner Verzweiflung trat Yūshi in ein Kloster ein und legte im darauffolgenden Jahr das Mönchsgelübde ab. Ryōkan liebte seinen Haiku dichtenden Bruder und versuchte, ihn so oft wie möglich zu sehen.

Auf der Halbinsel Izumosaki

Morgens und abends
schaute ich hinüber
zur Insel Sado
eingedenk
unserer verstorbenen Mutter.

Törichtes Faulsein

Mit zunehmenden Jahren wurde das Leben hoch oben auf dem besonders in den Wintermonaten vollkommen von der Außenwelt abgeschnittenen Berg für Ryōkan immer schwieriger. Im Alter von neunundfünfzig Jahren bezog er daher eine Hütte auf dem bewaldeten Gelände um den Otogō-Schrein (Gottheit des jüngsten Kindes), der zur Shintō-Schule gehörte und sich etwas unterhalb von Gogō-an auf einem kleineren Hügel des Berges Kūgami befand.

Seine Hütte befand sich neben der Gedenkstätte. Sie hatte ein Reetdach und bestand aus zwei Räumen. Hier verbrachte Ryōkan weitere zehn Lebensjahre. Dieser Abschnitt, obgleich geprägt durch häufige Krankheiten und chronische Unterernährung, war in Bezug auf seine Poesie und Kalligraphie überaus fruchtbar.

> In meinen jungen Jahren studierte ich Literatur,
> war aber zu faul, um ein Gelehrter zu werden.
> Früh begann ich mit Zen, gebe aber das Dharma nicht
> weiter.
> Nun bewohne ich diese Einsiedelei und behüte einen
> Shintō-Schrein.
> Ich fühle halb als Mönch, halb als Schreinwächter.

Vielleicht hielt Ryōkan den Schrein nicht selbst sauber, aber es ist sehr wahrscheinlich, dass er im Austausch für seine Herberge einige Shintō-Zeremonien ausführte. Damals waren in Japan Shintō und Buddhismus vermischt, so dass er dies nicht als inneren Konflikt betrachtet haben muss.

Liebe in späten Jahren

Ryōkan fiel es auf Grund körperlicher Schwäche zunehmend schwerer, Reisig für Feuerholz zu sammeln, Wasser zu holen oder die verschiedenen Ortschaften seiner Umgebung auf dem Bettelgang zu besuchen.

Motouemon Kimura, ein einflussreicher Mann aus der Gegend und maßgeblicher Unterstützer Ryōkans, lud ihn daher ein, sein Haus zu beziehen, das sich im Ortsteil Shimazaki der Stadt Washima befand. Diese lag etwa in der Mitte der Tiefebene zwischen Izumosaki und dem Berg Kūgami. Ryōkan nahm die Einladung an, bestand aber darauf, nicht ins Haupthaus zu ziehen, sondern in eine Hütte im Hinterhof, die als Holzspeicher gedient hatte.

Hier verbrachte Ryōkan seine letzten fünf Jahre.

Im darauffolgenden Jahr kam eines Tages eine Nonne namens Teishin zu Besuch. Sie hinterließ ein Tanka, da sie Ryōkan nicht antraf:

Du, der Du auf dem Buddha-Weg spielst,
Bälle hüpfen lässt
endlos,
musst der eine sein.
Ist es Dein Dharma?

Ryōkan antwortete:

Versuch es mit Ballhüpfen.
Eins, zwei, drei, vier, fünf,
sechs, sieben, acht, neun, zehn.

Du endest bei zehn
und fängst wieder an.

Später kam es zu einem ersten Treffen.
Teishin schreibt:

Die Freude,
Dich zu treffen
auf diese Weise –
ich frage mich, ob es ein Traum ist,
von dem ich noch nicht erwacht bin.

Ryōkan antwortet:

In dieser Traumwelt
wird geschlummert.
Tief drinnen –
Rede und Traum,
vom Traum wie er ist.

Ryōkan lernte die buddhistische Nonne Teishin im Alter von neunundsechzig Jahren kennen. Ihre Verbindung ließ ihn aufleben. Die Liebesgedichte der beiden gehören mit zu den schönsten der Weltliteratur. Ihre Freundschaft überstrahlte seine letzten Jahre, die von zunehmenden körperlichen Gebrechen gezeichnet waren. Teishin ist es zu verdanken, dass ein großer Teil seiner Gedichte erhalten geblieben ist. Bis zu ihrem Tode im Jahre 1872 wurde sie nicht müde, sein Lebenswerk zu sammeln und dabei behilflich zu sein, es herauszugeben.

Obschon ich so gerne kommen würde
an einem Stock,
um Dich zu sehen,
wird dieser kränkelnde Körper
es mir verwehren.

Teishin war zum Zeitpunkt ihrer Begegnung neunundzwanzig Jahre alt. Ursprünglich aus einer Samurai-Familie stammend, hatte sie mit siebzehn oder achtzehn Jahren einen Arzt geheiratet, der nach fünfjähriger Ehe verstarb. Sie war dreiundzwanzig Jahre alt, als Zen-Meister Taizen, der dem Tempel Tōun vorstand, sie zur Nonne ordinierte. Als sie Ryōkan begegnete, lebte sie im Enma-Schrein in Fukushima, etwa zehn Kilometer südöstlich von Shimazaki, gegenüber dem Fluss Shinano. Teishin stellte Ryōkan zahlreiche Fragen über das Dharma. Er schien glücklich, jemanden gefunden zu haben, mit dem er das teilen konnte, was ihn seine lebenslange Übung gelehrt hatte. 1835 veröffentlichte Teishin mit *Hachisu no Tsuyu* (*Tau auf einem Lotosblatt*), ihre Erinnerungen über Ryōkan und eine erste Sammlung seiner Poesie. In der kurzen Einleitung zu seinem Gedicht »Am späten Abend das Dharma miteinander teilen«, schreibt sie:

Fröstelnde Arme
unter meinem weißen Gewand.
An einem Herbstabend
scheint der Mond über
des Himmels Mitte.

Eines Tages, als sie sich in ihrem Schrein aufhielt, erzählte ihr ein Freund, dass sich Ryōkan im benachbarten Schloss des Ortes Yoita aufhielt. Sie eilte, ihn zu sehen, und erfuhr, dass er am kommenden Tag abreisen würde. Die Menschen liefen zusammen, um sich mit ihm zu unterhalten und ihn zu verabschieden. Teishin sagte zu Ryōkan: »Deine Hautfarbe ist dunkel, Deine Robe ist dunkel. Von heute an werde ich Dich eine Krähe nennen«.

Lachend sagte er: »Das passt ausgezeichnet zu mir«, und schrieb folgendes Gedicht:

Morgen
werde ich wegfliegen –
wer weiß wohin,
denn jemand hat mich
in eine Krähe verwandelt.

Teishin antwortete mit folgendem Gedicht:

Oh, Bergkrähe,
wenn Du nach Hause gehst,
bitte bring
eine junge Krähe zurück –
selbst eine mit zarten Flügeln.

Ryōkan, ein schäbig aussehender, vierzig Jahre älterer und gebrechlicher Mönch, hat sich vermutlich geschmeichelt gefühlt durch das zwar subtile, doch mutig öffentliche Bekenntnis einer jungen, schönen Frau ihm gegenüber. Insbesondere in der ländlichen, von strengen gesellschaftlichen Normen geprägten Gesellschaft jener Zeit war jedoch auch nur die Andeutung von

Romantik zwischen einer Nonne und einem Mönch in der Öffentlichkeit gefährlich. Daher fiel seine Antwort eher zurückhaltend aus:

> Ich wünschte,
> ich könnte Dich mitnehmen,
> aber was würde aus uns werden,
> wenn die Menschen anfingen
> zu reden?

Teishin ließ sich nicht beirren:

> Ein Drache im Wind ist ein Drache,
> ein Spatz ist ein Spatz,
> ein Reiher ist ein Reiher.
> Eine Krähe mit einer Krähe –
> wer soll sich dabei etwas denken?

Eines Frühlings schlug Ryōkan vor, dass sie nach der Kleeblüte kommen sollte. Teishin besuchte ihn früher und schrieb leicht verlegen:

> Ich wartete
> auf die Blüte des Herbstklees
> und kämpfte mich durch
> taubedecktes Sommergras,
> um Dich sehen zu können.

Ryōkan nahm ihre Entschuldigung mit folgendem Vers an:

Zu lange, um
auf die Blüte des Herbstklees zu warten,
hast Du Dich
durch taubedecktes Sommergras gekämpft.
Oh, hier bist Du!

Ein andermal kam Teishin zu Ryōkans Hütte und fand nur eine blühende Lotosblume in einem kleinen Gefäß vor seiner Schwelle:

Ich kam her –
niemand zu Hause.
Großartig!
Ein duftender Lotos
beschützt Dein Heim.

Ryōkan schickte ihr dieses Gedicht:

Niemand hier,
um Dich zu begrüßen.
Denk einfach an mich
beim Anblick der Lotosblüte
in ihrem kleinen Gefäß.

Ryōkans Gesundheit verschlechterte sich zunehmend. Der chronische Durchfall und die anhaltende Schlaflosigkeit, an denen er sein Leben lang gelitten zu haben scheint, machten ihm immer mehr zu schaffen.

Hast Du vergessen?
Ist der Pfad verschwunden?
Dieser Tage habe ich nur gewartet,
aber Du bist einfach nicht gekommen.

Teishin besuchte ihn nach der Schneeschmelze.

Das inspirierte Ryōkan zu folgendem Gedicht:

Kostbarer
als Juwelen und Gold
verteilt unter den Himmeln:
Dein Besuch
zu Frühlingsanfang.

Im Winter 1830 konnte Ryōkan seine Hütte nicht mehr verlassen. Er bat die Menschen in seinem Umfeld, von Besuchen Abstand zu nehmen. Als Antwort auf Teishins Genesungswünsche schrieb er:

Sobald der Frühling
gekommen ist
in ganzer Fülle wie ein gespannter Bogen,
bitte, besuche diese Grashütte.
Ich möchte Dich unbedingt sehen.

Zu Jahresende wurde Ryōkans Zustand kritisch. Teishin eilte herbei, um ihn zu besuchen. Voller Freude schrieb er:

Wann? Wann?
Du, die ich sehnsüchtig erwartete,
ist endlich hier.
Was sonst sollte ich mir noch wünschen?

Teishin, Jirōzaemon und sein Bruder Yūshi pflegten Ryōkan in seinen letzten Wochen. Am sechsten Tage des ersten Monats im Jahre 1831 verstarb Ryōkan im Alter von vierundsiebzig Jahren.

In einem seiner Todesgedichte vereinte er lebenslange Einsamkeit und seine Versöhnung mit allem Vergänglichen:

Es zeigt uns Rückseite
Vorderseite
ein fallendes Ahornblatt.

Ryōkan heute

Ryōkan gilt neben Bashō, Buson und Issa als einer der größten Dichter der Edo-Zeit (1603 – 1868). Obschon sich die Wurzeln der japanischen Zen-Schulen bis in die Kamakura-Zeit (1192–1333) zurückverfolgen lassen, waren es die zweihundertfünfzig Jahre der kriegslosen Edo-Periode, in denen sich diese Schulen erneuerten und das uns heute bekannte Gesicht entwickelten.

Das japanische Zen brachte einige interessante Charaktere hervor, wie zum Beispiel den Gründer der Rinzai-Schule, Hakuin Ekaku (1686 –1769), Ikkyū Sōjun (1394 – 1481) oder Tōsui Unkei (um 1680).

Doch Ryōkan ist derjenige unter den Zen-Mönchen, welcher den Herzen der Japaner am nächsten zu stehen scheint. Zunächst mag das beim Betrachten des heutigen Japans seltsam anmuten. Ein derartiger Held in einer Kultur, die selbst von vielen Japanern als zwanghaft konformistisch bezeichnet wird? Und dennoch wird Ryōkan in Japan als »sehr japanisch« und auch als »sehr Zen« bewundert. Die Werte, die er verkörpert – Einfachheit, Güte, Vertrauen – sind tief in der japanischen Kultur verwurzelt. Sie mögen in der Realität genauso häufig oder selten anzutreffen sein wie anderswo auch, aber es sind Ideale, die das Selbstbildnis der Japaner entscheidend geprägt haben.

Ryōkan verfolgte mit konsequenter Ernsthaftigkeit seinen ungewöhnlichen Weg. Wahrscheinlich wird nicht jeder von seinem Leben uneingeschränkt behaupten, »es sei eines der Besten«. Was kann er uns darüberhinaus noch sagen, uns, die wir mit gut gefüllten Kühlschränken leben, warme Kleidung im Überfluss haben, das Gewünschte oft nur einen Mausklick entfernt? Was können wir von einem asiatischen Außenseiter des vorletzten Jahrhunderts lernen, von einem Priester in einer Religion, in welche die meisten von uns nicht hineingeboren wurden, von einem Menschen, der sich den gesellschaftlichen Strukturen und Verpflichtungen seiner Zeit weitgehend entzog?

Eigenschaften Ryōkans, die bis heute viele Menschen ansprechen und die eventuell auch zu seiner Bekanntheit bis ins 21. Jahrhundert beigetragen haben mögen, sind zum Beispiel:

Einfachheit

»Ein einfaches Leben führen« wird in den letzten Schriften von Shākyamuni Buddha und Dōgen Zenji als Voraussetzung für Glück und Zufriedenheit genannt. Dazu müssen wir nicht unbedingt in einer Grashütte im Wald wohnen. Unser Leben zu vereinfachen und immer weiter zu vereinfachen, unsere Prioritäten neu zu setzen und uns danach auszurichten – darin kann uns Ryōkan ein gutes Beispiel sein.

Kreativität

Ryōkan war Künstler. Kreativität stellt einen wichtigen Ausdruck unseres Menschseins, unserer Spiritualität dar. Gerade wir hier im Westen, die wir so stark im Kopf verhaftet sind, können viel von seinem spielerischen Umgang mit den Künsten lernen.

Einsamkeit

Phasen des Rückzugs sind für Menschen, die sich auf einem spirituellen Weg befinden, von entscheidender Bedeutung. Sowohl kreatives Denken als auch spirituelle Begegnungen geschehen oft in stiller Abgeschiedenheit. Je mehr wir gesellschaftlich engagiert und aktiv sind, desto mehr benötigen wir regelmäßige Rückzugsmöglichkeiten.

Es braucht eine reife Persönlichkeit, um mit dem Alleinsein umgehen zu können. Für den spirituellen Weg ist ein Erwachsenwerden auf diesem Gebiet, auf dem wir uns oft besonders unsicher fühlen, lebenswichtig. An vielen seiner Schwierigkeiten und Freuden, den eisigen Wintertagen wie den lauen Sommerabenden, hat uns Ryōkan bereitwillig teilhaben lassen. Wir können uns in ähnlichen Situationen immer wieder an ihn erinnern.

Ausgeglichenheit

Ryōkan war viel allein und hat darunter auch immer wieder sehr gelitten, ein Einsiedler im klassischen Sinne war er nicht. Er traf sich gerne mit Freunden, trank auch mal ein Gläschen, spielte mit Kindern oder Bekannten. Sein Leben lang scheint er, so gut es ihm möglich war, um einen Ausgleich zwischen Einsamkeit und Geselligkeit bemüht gewesen zu sein.

Lebensfreude und Humor

Viele seiner Gedichte sprechen in großer Freude und Bewunderung von der Natur, den einfachen Gegenständen, die ihn umgaben. Manche der Anekdoten, die es über ihn gibt, sind ausgesprochen lustig und wenngleich sie nicht ganz wahrheitsgetreu sein mögen, so liefern sie doch ein gutes Bild von Ryōkans Fähigkeit, sich selbst und andere leicht zu nehmen.

Freisein von Vorurteilen

Ryōkan bestritt seinen Lebensunterhalt durch den Bettelgang. Obschon das für die wenigsten von uns eine Option sein dürfte:

mit Gleichmut, Zufriedenheit und Dankbarkeit empfangen, was gegeben wird, ist auch für uns eine gute Übung – in unserem Zazen, in unserem Leben insgesamt.

Hingabe und Entschlossenheit

Ryōkan war mit Leib und Seele Zen-Mönch. Er liebte Meditation (Zazen), verehrte Meister Dōgen, buddhistische Schriften und war stolz darauf, ein Priester in der Zen-Tradition zu sein. Sein Lebensstil war der für ihn beste Ausdruck dessen. Allen Widrigkeiten zum Trotze zweifelte er nie an seiner Lebensentscheidung.

Obschon unser eigener Weg ein anderer sein mag – in der Entschlossenheit, dem eigenen Herzen zu folgen und sich niemals grundlegend davon abbringen zu lassen, was man für sich selbst als gut, stimmig und richtig betrachtet, kann uns Ryōkan auch heute noch ein hilfreiches Vorbild sein.

Ryōkan und Zen

Zehn Jahre lang lebte Ryōkan die traditionelle klösterliche Form des Zen-Buddhismus. Nachdem er seine formale Ausbildung abgeschlossen hatte, ließ er mit den Klostermauern auch die fest vorgeschriebenen Strukturen seiner Religion hinter sich. Er hielt seine buddhistische Übung aber unbeirrt aufrecht und trotzte rauem Wetter, bitterer Armut und chronischen Krankheiten. Er begegnete den nicht selten abwertenden, manchmal auch spöttischen Bemerkungen anderer über seinen Lebenswandel mit häufig beeindruckendem Humor und einer oft äußerst schlagfertigen Ironie.

Ryōkans freier Lebensstil bildet bis heute einen großen Kontrast zur klösterlichen Strenge des japanischen Zen. Insbesondere nach dem Verlassen seines Ausbildungsklosters Entsuji stand er der Sōtō-Zen-Hierarchie und den traditionellen Klosterregularien sehr zurückhaltend gegenüber. Dem Buddhismus und seinem Mönchstum hingegen blieb er lebenslang zutiefst verpflichtet. Es machte ihn traurig, dass die Lehren des Gründers seiner Schule, Eihei Dōgen, nicht mehr richtig verstanden wurden. Er übte regelmäßig Zazen, auch auf seinen ausgedehnten Reisen oder wenn er bei Freunden übernachtete.

Ryōkan verstand sich in erster Linie als Zen-Mönch. Er fand Freude und Heimat in der sich wandelnden Beziehung zwischen einer Welt von Form und Klang und einer Welt des Einsseins. Er tat dies mit einer für ihn bezeichnenden Leichtigkeit, die nur allzu oft seine Weisheit als Dummheit und seine Sorgfalt als Faulheit erscheinen ließ.

> In meiner Heimatstadt gibt es
> zwei vollkommen gegensätzliche Brüder.
> Der eine ist schlau und wortgewandt,
> der andere töricht und still.
> Begegne ich dem Törichten,
> scheint er alle Zeit der Welt zu haben.
> Begegne ich dem Schlauen,
> ist er ständig damit beschäftigt, sein Leben zu verbrauchen.

In Ryōkans Gedichten finden sich immer wieder Anspielungen auf Passagen Dōgens. Wir können daher davon ausgehen, dass er sich auch nach Ende seiner Klosterzeit intensiv mit dessen Schriften befasst hat.

Auf einer Kopie eines Kapitels aus Meister Dōgens *Shōbōgenzō* vermerkte Ryōkan, dass er ein Räucherstäbchen anzündete und in einer Winternacht, die bitterkalt war und in der draußen der Bambus barst, darin gelesen habe. Im Kapitel »Gyōji« (Fortwährende Übung) hatte Dōgen die Geschichten einiger chinesischer Zen-Meister zusammengetragen, um mit der Schilderung ihres eindrucksvollen Weges seine Zuhörerschaft zu ermutigen:

> Lauft in der Welt von Form und Klang nicht Ruhm und Gewinn hinterher. Nicht Umherzulaufen ist: fortwährende Übung. Sie wurde von Angesicht zu Angesicht durch unsere Buddha-Ahnen weitergegeben. Erfahrene Einsiedler, beginnende Einsiedler, ein ganzer Mensch oder ein halber Mensch – ich bitte euch: werft die eintausend Umstände und Angelegenheiten über Bord und übt unausgesetzt die fortwährende Übung der Buddha-Ahnen.

Ryōkan sinniert in seinem chinesischen Gedicht:

Beim Lesen der Worte des Eihei Dōgen

An einem dunklen Frühlingsabend gen Mitternacht:
Schneeregen auf dem Bambus im Garten.
So sehr ich mich auch bemühe, nichts kann die Einsamkeit lindern.
Meine Hand sucht hinter mir die Worte Eihei Dōgens.
Unter dem offenen Fenster am Tisch zünde ich ein Räucherstäbchen an, mache Licht und beginne zu lesen.
Das Wegfallen von Körper und Geist ist einfach die reine Wahrheit.
In eintausend Haltungen, in zehntausend Erscheinungen spielt der Drache mit dem Juwel.
Ein Tiger wird jenseits von gerahmtem Denken gefangen.
Der Stil des Alten Großen Meisters gibt die Lehren Indiens wieder.

Ich erinnere mich an die alten Tage, als ich in Entsuji lebte.
Mein verstorbener Lehrer sprach über »Das Wahre Dharma-Auge«.
Da wurde ich herumgeworfen. Ich bat um Erlaubnis zu lesen und begann sofort mit dem Studium.
Bis dahin hatte ich mich nur auf mein Verstehen verlassen.
Kurz darauf verließ ich meinen Lehrer und wanderte umher.
Welche Beziehung besteht zwischen Dōgen und mir?
Wohin ich auch ging, übte ich von ganzem Herzen das Wahre Dharma-Auge.

Wie viele Jahre sind seither vergangen?
In meiner Faulheit habe ich es vergessen, bin wieder zurückgekommen.

Wenn ich heute dies Buch zur Hand nehme, mich damit beschäftige,
so steht es nicht im Einklang mit den Worten der anderen.
Niemand hat je gefragt: Ist es aus Jade oder nur ein Kiesel.
Über fünfhundert Jahre mit Staub bedeckt,
weil keiner ein Auge hatte für das Dharma.
Wem dienten all seine wohlfeilen Worte?
Voller Sehnsucht nach alten Zeiten, voller Trauer ob unserer Tage, ist mein Herz ganz erschöpft.

Des abends beim Schein der Lampe wollen die Tränen gar nicht enden.
Sie fließen in das Buch des Alten Buddha Eihei.
Am nächsten Morgen besucht ein alter Mann aus der Nähe meine Grashütte. Er fragt, warum das Buch so feucht sei.
Ich will es ihm sagen, kann aber nicht sprechen vor lauter Verlegenheit.
Meine Gedanken in Aufruhr – unmöglich, eine Erklärung zu geben.
Für eine Weile senke ich den Kopf, finde schließlich ein paar Worte:
»Letzte Nacht schlich der Regen hinein und meine Bücherkiste wurde nass.«

Dōgens Schriften aus dem dreizehnten Jahrhundert waren kurz nach seinem Tod für etwa vierhundert Jahre in Vergessenheit geraten. Ryōkan mag sich dessen nicht unbedingt bewusst gewesen sein, aber erst seit dem siebzehnten Jahrhundert waren diese Texte langsam wiederentdeckt worden. Einen Anteil hierbei hatte auch Kokusen, Ryōkans Lehrer. Vielleicht stammte die oben erwähnte Kopie von Ryōkans Dharma-Bruder Gento Sokuchū, dem Nachfolger Kokusens in Entsuji. Dieser stand später, in seiner Funktion als Abt des von Dōgen begründeten Klosters Eihei, der Sōtō-Zen-Schule vor. Er erneuerte die Tempelanlage in Eiheiji nach den Anweisungen ihres Gründers Dōgen. Gento Sokuchū hatte maßgeblichen Anteil an der Herausgabe einer Gesamtausgabe des etwa zweitausend Seiten starken Hauptwerks Dōgens, dem *Shōbōgenzō (Schatz des Wahren Dharma-Auges)*, das erstmalig alle fünfundneunzig Kapitel miteinander vereint. *Shōbōgenzō* wurde im Jahre 1816, neun Jahre nach Sokuchūs Tod und fünfzehn Jahre vor Ryōkans Tod, veröffentlicht. Ryōkan kannte das Gesamtwerk nicht, aber es ist anzunehmen, dass er Zugang zu den handgeschriebenen Auszügen einiger Kapitel hatte.

Ryōkan wollte den Weg, den Dōgen seinen Schülern so innig ans Herz gelegt hatte, genauestens befolgen. Aber er musste erkennen, dass er mit dieser Absicht weitgehend alleine dastand und niemand aus seinem Umkreis in einer Art und Weise praktizierte, wie Ryōkan es aus den Texten Dōgens heraus verstanden hatte. Daher fühlte er sich oft hilflos und verlassen und verlieh seiner tiefen Enttäuschung am Ende eines Gedichtes Ausdruck:

Wenn ein großes Haus in sich zusammenzufallen droht,
kann ein einzelner Stock dies nicht verhindern.
Unfähig, an diesem klaren Abend Schlaf zu finden,
wälze ich mich nächtens hin und her und singe dieses Lied.

Ryōkan unterstrich in diesem Gedicht namens »Rede« die Bedeutung einer Weitergabe der Lehre von Shākyamuni Buddha über Bodhidharma und Tiantong Rujing bis hin zu seinem japanischen Nachfolger Dōgen.

Aber es entsprach nicht seiner Natur, in einem Kloster zu leben, Mönche anzuleiten, Reden zu halten oder zu versuchen, das System zu verändern.

So schrieb er einmal:

Ich werde der trüben Welt nicht sagen,
sie solle rein werden.
Ich wasche mich selbst
und betrachte
den Bachlauf im Tal.

Obschon Ryōkan sein Leben lang ein feuriger Verehrer des Begründers seiner Schule blieb, war seine buddhistische Übung bei weitem nicht auf das Studium reiner Sōtō-Zen-Texte beschränkt. So liebte er zum Beispiel das Lotos-Sutra, einen Text, der als wichtigste Schrift der Tendai- und Nichiren-Schule gilt. Er las konfuzianische und daoistische Schriften und mochte Buddha Amida, der in der Reinen-Land-Schule verehrt wird.

Ryōkan tat nichts, um seine eigene Zen-Linie fortzusetzen. Er nahm zeitlebens keine offiziellen Schüler an, noch wissen wir von Vorträgen oder Predigten, die er gehalten hätte, um sein Leben als Bettelmönch zu unterstützen. Er nannte sich selbst nie einen Lehrer, wurde aber früh von anderen als solcher anerkannt. Ryōkan scheint es sein Leben lang sorgfältig vermieden zu haben, öffentlich über Zen zu sprechen.

Doch gab es zumindest einen Menschen, der mit Ryōkan intensiv Zen studieren und von ihm lernen wollte. Sein Name war Saichi Miwa. Über ihre Schüler-Lehrer-Beziehung ist kaum etwas belegt. Saichi war ein Freund Ryōkans aus Kindertagen. Anlässlich dessen frühen Todes schrieb Ryōkan:

> Ah, der einzige Laie,
> der mit mir zwanzig Jahre lang übte –
> einer, der das durchdrungen hat, was sich im Innersten befindet.
> Wer sonst könnte es ausdrücken?

Zu Ryōkans Verdruss über die Ausübung der buddhistischen Lehre mag die damalige Situation vieler Tempel beigetragen haben: Alle Einwohner Japans waren gezwungen, sich in ihrem buddhistischen Tempel offiziell registrieren zu lassen. Damit erhielten sie in den dazu autorisierten Tempeln ein Zertifikat, welches besagte, dass sie keine Christen waren, denn das war strengstens verboten. Diejenigen, die keine offizielle Mitgliedschaft in einem Tempel vorweisen konnten, wurden ihrer bürgerlichen Rechte beraubt und als »Unmenschen« betrachtet.

Klöstern und Tempeln war es gestattet, Ackerland zu besitzen. Dies und die Erlaubnis, Beerdigungen sowie andere Gedenkveranstaltungen abzuhalten, garantierte eine gleichbleibende Mitgliederschar und ausreichendes Einkommen. Für Mönche galt das Zölibat, doch viele von ihnen waren inoffiziell verheiratet. Ryōkan betrachtete dies alles als Korruption. Er beklagte es als Anzeichen für den Niedergang einer Lehre, wie er sie von Kokusen empfangen hatte:

> Ich höre jene, die ihr Zuhause verlassen haben,
> Tag und Nacht fortwährend schreien.
> Nur zum Wohle eurer Mägen und Münder
> rennt ihr euer ganzes Leben lang draußen umher.

Hinzu kam eine seitens der Regierung streng kontrollierte Hierarchie unter den einzelnen Kongregationen, Klöstern und Tempeln, was die obigen Verhältnisse noch weiter zementierte. In einem längeren Gedicht kritisiert Ryōkan dieses Sektierertum innerhalb seiner eigenen Religion und schreibt:

> Der Ahnenweg: schwächer von Tag zu Tag.
> Lehrer sprechen von nichts anderem als dem Namen ihrer Schule.
> Schüler bestätigen sie in ihrer Engstirnigkeit.
> Beide sind aneinander gebunden,
> stur und unwillens der Veränderung.
> Wenn das Ziel des Dharma in der Gründung einer Schule bestünde,
> so hätten es die alten Weisen längst getan.
> Wenn jeder einc Schule hervorzauberte,
> welcher, bitte, soll ich angehören?

Ergebener Schüler des von ihm so verehrten Dōgen Zenji, hielt sich Ryōkan von all dem fern und konzentrierte sich auf sein Mönchsgelübde. Wenn er überhaupt nach irgendetwas strebte, so war es vielleicht, mit anderen in friedlicher Übereinstimmung seine Tage zu verbringen. Gibt es ein schöneres Ziel für uns Menschen?

So lange ich nicht ziele,
kann ich nicht verfehlen.
Mit dem Catalpa-Bogen
sende ich einen Pfeil
in den offenen Himmel.

Ryōkan im Kontext seiner Zeit

Geschichte

Die Zeit, in der Ryōkan lebte, wird als Edo-Periode bezeichnet. Sie dauerte von 1603 – 1868 und ist nach der damaligen Hauptstadt der herrschenden Tokugawa-Shōgune bezeichnet: Edo, dem heutigen Tokio. Mit Beginn des siebzehnten Jahrhunderts und zu einer Zeit, als in Europa der Dreißigjährige Krieg wütete, begann in Japan eine über zweihundertfünfzig Jahre währende Zeit ohne kriegerische Auseinandersetzungen.

Der Preis hierfür bestand in dem, was als »Abschottung« Japans bezeichnet wird: Japaner durften ihr Land nicht verlassen, nur vom Shōgun autorisierten Schiffen war es gestattet auszulaufen, und neben Vertretern des chinesischen Kaiserreichs war es nur holländischen Handelsgesellschaften erlaubt, einen einzigen Hafen in Japan anzusteuern. In der langen kriegsfreien Zeit konnten sich vor allem der Handel – Transportwege, Manufakturen, Bankwesen – sowie Handwerksunternehmen weiter entwickeln und trugen wesentlich zum steigenden Wohlstand des Bürgertums bei. Bauernschaft und Bürgertum erhoben das Theater, insbesondere das Puppentheater und das traditionelle japanische Theater (Kabuki), zur hohen Kunst. Der Literat Chikamatsu Monzaemon, der noch heute als einer der bedeutendsten Autoren Japans gilt, setzte sich kritisch mit den Moralansichten seiner Zeit auseinander.

Dieser gesellschaftlichen Öffnung stand ein strenges Ständesystem aus Händlern, Handwerkern, Bauern und Samurai gegenüber. Obschon die Händler zunehmend an Wohlstand gewannen, war ihr Ansehen in dem konfuzianisch geprägten Gesellschaftssystem gering – sie galten als »Verteiler fremder Arbeit«. Über ihnen standen Handwerker und Bauern, ganz oben die Samurai, welche als einzige längere Schwerter tragen durften (Schwertadel). Sie wandelten sich in den Friedenszeiten der Edo-Periode von Kriegsherren zu Beamten, die vor allem die Aufgabe hatten, Steuern einzutreiben.

Außerhalb des Ständesystems befanden sich die Angehörigen des kaiserlichen Hofes in Kyoto, deren Macht jedoch auf zeremonielle Rollen beschränkt war, sowie die Angehörigen des Hofes der neuen Hauptstadt Edo, welche diesen jedoch nicht verlassen durften. Berufe, die in Japans Nationalreligion, dem Shintōismus, sowie dem Buddhismus als unrein galten – wie Metzger, Friedhofswärter oder Totengräber –, wurden vom Ständesystem und allen damit verbundenen Rechten ausgeschlossen. Die Samurai waren dem Dienst an ihren Herren unterworfen, die Bauern von ihren jeweiligen Landbesitzern abhängig. Es war ihnen nicht erlaubt, umherzuziehen. Weite Teile des Landes wurden von lokalen Grafen regiert.

Ryōkans Geburtsstadt, Izumosaki, spielte eine strategisch wichtige Rolle für den Transport von Gold und gehörte daher zu den Gebieten, die der direkten Aufsicht durch die Regierung in der Hauptstadt Edo unterlagen. Auf Grund der strikten Kontrollen mussten die Bauern in dieser Gegend besonders hart arbeiten, um die strengen Auflagen für die geforderten Steuereinnahmen erfüllen zu können. Ryōkans Familie, die Tachibana-ya, hatten bereits seit mehreren Generationen das Amt des Ortsvorstehers inne. Dessen Aufgabe bestand unter anderem darin, diese Einnahmen zu überschauen, sie mit dem örtlichen Magistrat abzustimmen und Regierungsreisende sowie deren Gäste zu bewirten. Deswegen waren die Tachibana-ya wohlhabend und lebten in einem großen Haus.

Später erinnert sich Ryōkan:

> Das ist es, was mir von meinen jungen Jahren in den Sinn kommt:
> Ich las Bücher in einem leeren Raum.
> Oft musste ich Öl nachgießen.
> Die lange Winternacht machte mir nichts aus.

Soziales Leben

Ryōkan lebte als Einsiedler. Seit dem Verlassen seines Klosters teilte er nie wieder eine Lebensgemeinschaft mit anderen. Im Gegensatz zu vielen anderen Einsiedlern hielt er aber den Kontakt mit seiner Umgebung aufrecht. Ehrlich schildert er seine Einsamkeit und sein Verlangen nach Austausch mit anderen. Obschon er sich zwei Mal gesellschaftlichen Verpflichtungen entzog – indem er von Zuhause fortging und indem er das Vermächtnis seines Lehrers nicht den allgemeinen Erwartungen entsprechend weitertrug –, die Verbindung zu seiner Familie, die Teilnahme am sozialen Leben seines Dorfes, die geistige Verbundenheit zu seinem Lehrer, blieben ihm zeitlebens wichtig. Das äußerte sich unter anderem auch in der Nähe seiner Hütte Gogō-an zu seinem Geburtsort und den vielen Gedichten, in denen er den Stab beschreibt, den er von seinem Lehrer erhalten hat (siehe Seite 94).

Ryōkan ist der Erstgeborene einer Familie, deren Stammbaum sich weit zurückverfolgen lässt und die seit dem dreizehnten Jahrhundert die prestigeträchtige Position des Ortsvorstehers innehatte. Aber er verlässt seine Familie, um Bettelmönch zu werden. Hierin befindet er sich zwar in historisch guter Gesellschaft, die bis zu Shākyamuni Buddha zurückreicht – im streng konfuzianisch geprägtem Weltbild war ein solches Verhalten jedoch mindestens genauso gegen den Strom gerichtet wie heute. Obschon wir hinzufügen sollten, dass auch sein Vater, ein hochgebildeter Mann, nicht so viel Gefallen an seiner beruflichen Tätigkeit verspürt haben kann, denn sonst hätte er sie nicht schon relativ früh an Ryōkan bzw. dessen Bruder abgegeben. Auch waren im ostasiatischen Weltbild Einsiedler und buddhistische Mönche oftmals hoch geachtete Respektspersonen. Berichte darüber, Kokusen habe Ryōkan auf dem Sterbebett mit seiner Nachfolge beauftragt, woraufhin Ryōkan »über Nacht« verschwunden sei, sind unserer Meinung nach unbewiesen. Jedoch war und ist bis heute mit dem Erhalt einer Lehrbefugnis in der Zen-Tradition die Erwartung verknüpft, diese Lehre sichtbar weiterzugeben: zum Beispiel in der Annahme von Schülern, mit Vorträgen oder durch die Gründung einer Klostergemeinschaft.

Ryōkan tat nichts von dem, was wir allgemeinhin als sinnvoll erachten – wie zum Beispiel einem Broterwerb nachzugehen, der es uns erlaubt, auch Dinge zu kaufen und zu tun, die über den täglichen Eigenbedarf hinausreichen, eine Familie zu gründen oder sich mittels eigener Arbeitskraft am gesellschaftlichen Gesamtwohl zu beteiligen.

Statt dessen spielte er mit Dorfkindern, wanderte ziellos umher, scherte sich nicht um sein Äußeres, schrieb in seiner abgeschiedenen Hütte Gedichte und erschuf Kalligraphien, ohne dabei eine breitere Zuhörerschaft im Sinn zu haben.

Dennoch wurde Ryōkan auch von seiner damaligen Umgebung schon sehr geschätzt, was sicher eine der Grundlagen für seinen hohen Bekanntheitsgrad bis zur heutigen Zeit ist. Vielleicht kann es auch für uns von Bedeutung sein, zu sehen, dass ein scheinbar asoziales Leben jenseits der Ströme einer hoch effizienten Produktionsgesellschaft ein zutiefst wertvolles, glückliches Leben sein kann, ehrlich, von großer Würde und beindruckender Nachhaltigkeit. Ein solches Leben vermag insbesondere in seiner Friedfertigkeit zutiefst sozial zu sein, und in diesem Sinne ist es plötzlich doch wieder inmitten der Gesellschaft angesiedelt.

Innerhalb etwas scheinbar Nutzlosem etwas zutiefst Kostbares zu finden stellt darüberhinaus einen wichtigen Aspekt der Zen-Lehre dar.

Ryōkans tägliche Routine war wetterabhängig. An verregneten Tagen oder wenn seine Hütte unter Schnee begraben war, blieb er drinnen, las buddhistische Texte, die japanischen und chinesischen Klassiker, meditierte, übte Kalligraphie und schrieb Gedichte.

Zahllose handeln hierbei von seiner »törichten Faulheit«, vom Nichts-Tun:

> Der Welt entsagen, dem Körper entsagen – bin ich ein Mensch des Müßiggangs geworden.
> In Gesellschaft von Mond und Blüten verbringe ich mein restliches Leben,
> Ich bin wach wie alle Dinge dieser Welt.

Ryōkan schrieb wie kaum ein anderer offen über sein Leben als Mönch und die damit verbundenen Schwierigkeiten, über sein Leben in Einsamkeit, über Krankheiten, seinen Tagesablauf, seine Beobachtungen. Er tat dies in einfacher Sprache und auf gerade, unverhüllte Art und Weise:

> Vom Dieb
> zurückgelassen –
> der Mond im Fenster.

Einige seiner Gedichte sind zutiefst buddhistisch:

Im leichten Schneefall
entstehen
milliardenfache Welten.
In jeder
fallen zarte Flocken.

Der Begriff »milliardenfache Welt« wird in der buddhistischen Literatur manchmal zur Beschreibung des ganzen Universums verwendet. Ryōkans poetisches Bild bringt dieses kosmologische Konzept in das schier unendliche, grenzenlose Fallen des Schnees. Dies ist sowohl eine subtile Anlehnung an Leerheit, einen zentralen Begriff im Zen, als auch an die durch den Schneefall hervortretende Gleichheit und Einheit.

Dies ist ein sehr bekanntes Selbstportrait Ryōkans, mit eigener Kalligraphie an der Seite, welches seine persönlichen Neigungen beschreibt:

Es ist nicht,
dass ich vermeiden würde,
mich mit der Welt zu vermengen;
Ich bin nur besser
im Spiel mit mir alleine.

Trotz seiner Liebe zur Einsamkeit war Ryōkan durch den täglichen Bettelgang mit den Dorfbewohnern in Kontakt, wobei sein Verhältnis zu seiner Umgebung nicht hierauf beschränkt blieb. Ungeachtet seiner hohen religiösen und künstlerischen Bildung verspürte er eine tiefe Zuneigung zu den einfachen Menschen seiner Umgebung. Als fester Bestandteil des dörflichen Lebens konnte man Ryōkan bei Dorffesten tanzend vorfinden. Er saß mit den Bauern zusammen, erzählte, rauchte Pfeife, spielte und trank. Er pflegte einen weiten Freundeskreis, der Menschen aller Schichten umfasste: einfache Bauern, Amateurliteraten, Ryōkans Bruder Yūshi, Gelehrte in chinesischer Litaratur wie Suzuki Bundai und dessen Bruder Ryuzo, die Reisweinbauern Abe Sadayoshi und Yamada Toko, viele Ärzte und Händler. Er besuchte sie oft und freute sich, wenn sie ihn in seiner Hütte aufsuchten.

Ryōkan hat sich im Laufe seines Lebens immer wieder mit seiner Lebensweise auseinandergesetzt; einfach scheint seine Wahl ihm nicht immer gefallen zu sein.

Viele seiner Gedichte handeln vom Wechselspiel zwischen großer Zufriedenheit mit der gewählten Lebensform einerseits und seinem permanenten Schuldempfinden andererseits – in Bezug auf seine Weigerung, die von ihm erwarteten Verpflichtungen gegenüber seiner Familie oder seinem Lehrer Kokusen zu erfüllen. Obschon er sich außerhalb der gesellschaftlichen Normen bewegte, sprechen zahlreiche seiner Handlungen von einem hohen Verantwortungsbewusstsein für den Erhalt und das Wohlbefinden des sozialen Netzwerks, in dem er lebte. Ryōkan liebte seine Dorfbewohner, er hatte großen Respekt vor den Bauern seiner Umgebung und ihrer schweren Arbeit.

In einem Tanka schreibt er:

> Dieser Tage
> müssen die Bauern
> Reis verpflanzen.
> Ich male ihre Arbeit
> und biete ein Räucherstäbchen dar

Abgesehen von seiner Zuneigung zur Natur mag es jene Egalität in der Behandlung gewesen sein – gegenüber den Dorfkindern und Bauern verhielt er sich genauso wie gegenüber seinen gebildeteren Besuchern –, die ihm die Achtung seiner unmittelbaren Umgebung einbrachte. Immer wieder wird davon berichtet, dass Ryōkan nie *lehrte.* Er lebte sein Leben und gab darin nicht nur treffliches Beispiel an verkörpertem Dharma, sondern überließ es seinem jeweiligen Gegenüber, die eigene Wahl, was Werte und Lebensziele angeht, zu treffen und zu verwirklichen. Gerade im Zen Japans, das auch von Strenge und Gehorsam geprägt ist, bietet der große Tölpel Ryōkan in seiner Entspanntheit, Weitsichtigkeit und der hieraus erwachsenen Milde ein Vorbild für das, was einen guten Lehrer auszeichnet: den Weg vorgeben, vorangehen und vorleben – und danach loslassen.

Ryōkan und Kinder

Ryōkans Liebe zu Kindern ist legendär. Einmal befragt, wieso er so gerne mit ihnen spiele, soll er geantwortet haben: »Ich mag ihre Aufrichtigkeit. Wenn die Kinder glücklich sind, dann bin ich auch glücklich, alle sind glücklich. Es gibt kein besseres Glück als dies!«

Wo immer Ryōkan hinkam, war er sofort von Kindern umgeben. Sie schwärmten um ihn herum, fassten ihn am Ärmel und forderten ihn auf, mit ihnen zu spielen. Noch heute wachsen japanische Kinder mit Anekdoten über ihn auf. Die Spiele, die er mit ihnen spielte, gibt es immer noch.

Manchmal verbrachte er den ganzen Tag damit und vergaß dabei sogar seine Bettelrunde. Für viele dieser Kinder aus einfachen Verhältnissen war er Lehrer, Ersatz ihrer schwer arbeitenden Eltern und väterlicher Freund. Daher hatte diese so unbekümmert anmutende Beschäftigung auch eine soziale Komponente. Ob dieses Spiel ihm wirklich so leicht fiel?

Besonders mit zunehmendem Alter wurde er manchmal auch der lärmenden Kinder überdrüssig. Dann stellte er sich tot. Wenn sie endlich von ihm abließen, stand er auf und ging einfach davon. Von den wenigen Berichten aus seiner eigenen Jugend wissen wir, dass Ryōkan ein stiller, zurückgezogener Junge war, der sich häufig noch nicht einmal anlässlich der wenigen Festlichkeiten vom Lesen seiner geliebten Bücher abhalten ließ.

Yoshishige Kera war eines der Kinder, die mit Ryōkan spielten. Als dieser starb, war er etwa zwanzig Jahre alt. Fünfzehn bis zwanzig Jahre später schrieb er seine Erinnerungen an Ryōkan auf: *Anekdoten über den Zen-Meister Ryōkan*.

Darin findet sich der Satz: »Ich hasse es, Gäste zu unterhalten.«

Es ist nicht selten, dass spirituell Suchende von ihrer Natur her Gesellschaft eher vermeiden. Oftmals findet ihr Prozess der Sozialisierung erst spät, zum Beispiel inmitten einer klösterlichen Gemeinschaft, statt. Der Versuch, sich zu verbergen, ist in Wahrheit exponierend. Das mag auch für den jungen Ryōkan zugetroffen haben.

Das Spiel mit den Kindern, ursprünglich wahrscheinlich entgegen seiner Neigung, machte daher einen Teil seiner spirituellen Übung aus. Die Grenzen zwischen eigener Übung und der natürlich erscheinenden Handlung eines Bodhisattva sind schwer bestimmbar. Übung und Bestätigung, Übung und deren Nachweis sind eins. Insofern war Ryōkans Spiel mit den Kindern, in dem er oft alles andere vergaß und selbst zum Kind wurde, Ausdruck seines Zazen – der gesamten, ungeteilten Wahrheit des jeweiligen Augenblicks. Er verlieh ihm darin eine Form, eine soziale Handlung, Wertschätzung und Würde.

Ryōkan scheint für sich selbst einen gesunden Mittelweg gefunden zu haben zwischen seiner Sozialarbeit mit den Kindern, dem eigenen Spaß am Spiel und der Aufrechterhaltung seiner kleinen Lebensgemeinschaft. Insofern übersetzte er für sie, was ihm selbst immer am Wichtigsten war: das Dharma.

Ryōkans Erscheinungsbild

Zeitgenossen beschrieben Ryōkan als »dünn wie eine Sardine im Frühling«, die Haut vom Leben in der Natur pechschwarz, was ihm den Beinamen »Rabe« eintrug.

Yoshishige Kera drückte es so aus: »Der Meister hatte eine vornehme Ausstrahlung, die sich ganz natürlich entfaltete. Er war groß, sehr schlank und sah ein wenig aus wie ein daoistischer Zauberer, mit hoher Nase und langen Augen. Er war sanftmütig, ernst und keinesfalls anmaßend oder überheblich … Ryōkan zeigte weder Wut noch Aufregung. Ich habe ihn niemals schnell sprechen gehört. Seine Art zu essen und zu trinken war langsam, fast wie bei einem Dummkopf.«

Ganz sicher war Ryōkan nicht gut angezogen. Aus den *Anekdoten*:

> Ryōkan hatte ungekämmtes Haar und ein unrasiertes Gesicht. Er trug eine zerrissene Robe und wanderte barfuß umher.
>
> So ging er in die Küchen und bettelte um Essen. Als er sich einmal in einem Haus befand, wurde etwas Kostbares gestohlen. Die Leute im Haus dachten, Ryōkan sei ein aus dem Gefängnis entwischter Dieb. Sie riefen die Dorfbewohner mit dem Muschelhorn zusammen und trommelten auf ein Holzbrett. Die Dorfbewohner fesselten Ryōkan und versuchten, ihn lebendig zu begraben. Dieser sagte kein einziges Wort und ließ alles mit sich geschehen.
>
> Jemand, der ihn kannte, kam hinzu, als er in das Loch

geworfen werden sollte und schrie: »Was macht ihr denn da? Dies ist der bekannte Zen-Meister Ryōkan! Löst sofort die Fesseln und entschuldigt euch!«

Überrascht ließen die Dorfbewohner ihn frei und entschuldigten sich vielmals.

Der Mann, der ihn befreit hatte, fragte ihn später: »Warum hast du ihnen nicht gesagt, dass es falsche Anschuldigungen waren?«

Ryōkan sagte: »Alle Dorfbewohner haben mich beschuldigt. Selbst wenn ich mich Ihnen erklärt hätte, ihr Verdacht wäre geblieben. Es gibt nichts Besseres, als nichts zu sagen.«

Ryōkan nahm manchmal Einladungen seiner Unterstützer an, zum Essen oder über Nacht zu bleiben. Yoshishige erinnert sich:

> Wenn Ryōkan für einige Tage bei uns blieb, erfüllte eine friedvolle Atmosphäre das Haus und jeder wurde wohlgestimmt. Das hielt meistens auch noch für einige Tage nach seiner Abreise an. Sobald ich mich mit ihm zu unterhalten begann, stellte ich fest, dass mein Herz klarer wurde. Ryōkan erklärte weder Zen noch andere buddhistische Schriften. Er propagierte auch keine gesunden, ganzheitlichen Handlungen. Vielmehr saß er in der Küche, machte ein Feuer oder meditierte im Wohnzimmer. Ryōkan sprach nicht über Literatur oder Moral. Er war vollkommen entspannt und lehrte andere einzig und allein durch seine Gegenwart.

Hier eine berühmt gewordene Anekdote über seine Art, einen jungen Menschen anzuleiten:

> Ryōkans Familie Yamamoto stellte traditionell den Tachibana-ya, den Dorfvorsteher. Nachdem Ryōkan sein Zuhause verlassen hatte und Mönch geworden war, folgte ihm sein jüngerer Bruder Yūshi in dieser Funktion. Yūshis ältester Sohn Umanosuke verprasste das Familienvermögen bei diversen Vergnügungen. Von Umanosukes Mutter inständig um Hilfe gebeten, begab sich Ryōkan ins Haus seines Bruders und blieb drei Tage lang. Während der gesamten Zeit sprach er kein Wort.
>
> Als der Zeitpunkt für seine Abreise gekommen war, stand Ryōkan auf der Veranda, rief nach Umanosuke und bat diesen, ihm seine Strohsandalen zu binden.
>
> Umanosukes Mutter stand heimlich hinter einem Wandschirm und hoffte, dass Ryōkan mit ihrem Sohn nun endlich kräftig ins Gericht gehen würde.
>
> Umanosuke verstand nicht, wieso Ryōkan ihn um so etwas Ungewöhnliches wie Schuhe binden bat, folgte aber gehorsam seinen Worten.
>
> Plötzlich fühlte er etwas Nasses in seinem Rücken. Erstaunt blickte er auf. Da schaute er in die feuchten Augen Ryōkans.
>
> Augenblicklich bereute Umanosuke sein Fehlverhalten.
>
> Ryōkan aber stand auf und ging wortlos von dannen.

Takuhatsu

Takuhatsu bedeutet wörtlich: mit der Esschale *(hatsu)* bitten *(taku)* und beschreibt die traditionelle Form des Almosengangs buddhistischer Mönche.

Meist war Takuhatsu eine Gemeinschaftsübung mehrerer Mönche, die rezitierend von Haus zu Haus zogen. Da Ryōkan aber alleine lebte, begab er sich als Einzelner auf den Almosengang, der für seinen Lebensunterhalt von größter Bedeutung war. Obschon er mit zunehmenden Jahren über einen gewissen Kreis an Förderern verfügte, die ihn mit lebensnotwendigen Dingen versorgten – der Gang zu seiner Hütte war selbst in der trockenen Jahreszeit beschwerlich.

Wasser und Holz mussten auf den verschlungenen Pfaden herangeschafft werden und im Winter war Ryōkan oft wochenlang eingeschneit. Von Almosen abhängig, war er ständig, wie auch die anderen Dorfbewohner, von Hungersnöten bedroht.

Die meisten seiner etwa zweihundert erhaltenen Briefe sind Dankes- oder Bittbriefe an Freunde, die ihn auf vielfältige Weise mit Nahrung, Kleidung, Kalligraphiezubehör, Möbeln oder etwas Geld unterstützten. Als vielbegehrter Kalligraph und bereits zu Lebzeiten renommierter Dichter mangelte es Ryōkan ständig an Material. Sein Freund aus frühen Tagen und späterer Biograph, Bundai, erinnert sich an Besuche in Ryōkans Hütte, wo er an dem kleinen Tisch mehrere, völlig abgenützte Pinsel fand sowie Stapel von derart dicht beschriebenem Papier, dass es nahezu vollkommen schwarz wirkte.

All seine Wünsche mussten stets per Boten auf den Weg

gebracht werden, und das war für die Deckung des täglichen Bedarfs ungeeignet. Da er ein Mönch ohne Kloster oder Schüler war, stellte Betteln die einzige Möglichkeit dar, wie er seinen Lebensunterhalt bestreiten konnte. Bis ins hohe Alter war er auf Almosen angewiesen. An klaren Tagen machte er sich zu Tagesanbruch auf und ging den steilen Pfad hinunter ins Dorf. Er klingelte mit seinem Stock, an dem die für Pilgerreisende üblichen Glöckchen angebracht waren, vor jedem Haus und sang voller Mitgefühl und Respekt ein Sutra – ganz gleich, ob er eine Mahlzeit angeboten bekam, ignoriert oder davongejagt wurde.

Aus seinen Gedichten wird deutlich, dass Betteln für ihn nicht nur eine Notwendigkeit darstellte, sondern auch eine Quelle besonderen Stolzes und der Freude war, da es ihm die Möglichkeit gab, Buddhas Erleuchtung mit anderen zu teilen. Im Gegensatz zum traditionellen Bettelgang der Mönche, die in einer Prozession durch Ortschaften ziehen, war Ryōkan stets bereit, seine Runde für ein Gläschen Reiswein, einen Plausch mit den Bauern oder ein Spiel mit Kindern zu unterbrechen.

Takuhatsu war eine seiner wichtigsten Übungen. Manchmal mochte er es, ein anderes Mal fühlte er sich schuldig seines »faulen« Lebenswandels wegen. Wie wir aus zahlreichen Gedichten und den *Anekdoten* wissen, machte er keinen Unterschied bei der Auswahl seiner potentiellen Unterstützer – »ob Wein- oder Fischhändler, ich besuche sie alle«. Mit dem »aufrechten Blick ehrlicher Augen«, machte er seine Bettelrunde, in einer Grundhaltung der Dankbarkeit. Daher gelang es ihm auch, »einen Stapel Schwerter« zu brechen, indem er weder dem einen hinterher jagte – zum Beispiel der Aussicht auf leckere Kost vor einer bestimmten Türe – noch anderes vermied, wie Besuche in Häusern, die sich eher unten auf der Sozialskala befanden. Bei

Wind und Wetter, mit einer manchmal leeren, manchmal gut gefüllten Schale, durchlebte er alle seine Umstände, ohne sich von ihnen überwältigen zu lassen.

Ohne Anhaften, ohne Vermeiden dem jeweiligen Augenblick gerade und aufrecht gegenübertreten – stellt eine der Grundlagen buddhistischer Übung dar. Takuhatsu und Zazen waren für Ryōkan das Gleiche – einfach »nur sitzen« – ohne Erwartung auf tiefes Erwachen, ohne Vermeiden von Verblendung. Die Straße heruntergehen und dankbar annehmen, was gegeben wird. Eine Haltung, mit der Fegefeuer damals wie heute versiegen werden: »wacher Füße Schritte löschen langsam kochende Hitze«.

Ryokan gab den Adressaten durch sein Betteln auch die Gelegenheit, selbst zu geben und so ihre Großzügigkeit zu beweisen, eine der ersten Tugenden in der buddhistischen Lehre. So wurde alles zum Geschenk – die Gabe an ihn und deren Verwendung zur Erhaltung des Dharma durch seine Person – in einer kontinuierlichen, kreisförmigen Bewegung.

Niemals
werde ich es verkommen lassen
mein Leben in Verzicht
für den Buddha
für das Dharma.

Legenden

Obschon Ryōkan, ein herausragender Übender der Lehre Buddhas, das Streben nach Ruhm und Anerkennung zeitlebens verabscheute, wurde er ironischerweise in seiner Gegend bereits zu Lebzeiten als exzentrischer Zen-Meister sehr berühmt. Es gibt zahllose Anekdoten über ihn, von denen einige von umwerfender Komik sind.

Oftmals vergaß er auf seiner Bettelrunde seine Schale oder andere seiner Habseligkeiten. Seine chronische Vergesslichkeit, seine Neigung, selbst die allerliebsten Gegenstände zu verlieren, waren legendär. Er vergaß seine einzige Schale, seinen Stab, seine Gedichtbände, seine Bücher, seine Kleidung. In zahlreichen Briefen beschreibt er seine Versuche, diesem Übel Einhalt zu gebieten. Auf manches schrieb er »das gehört mir«. Auf Anraten seiner Freunde hin fertigte er auch eine Liste der Dinge an, die er immer bei sich trug – wie Schale, Geld und Spielball –, um die gesamte Liste sofort irgendwo liegen zu lassen. Sie kann noch heute im Hause seines Freundes Suzuki Bundai betrachtet werden.

Hier einige von vielen überlieferten Anekdoten über seine chronische Vergesslichkeit:

Einmal spielte Ryōkan, wie so oft, an einem Herbstabend Versteck mit den Dorfkindern. Er verbarg sich in einem frisch errichteten Heuhaufen. Die Kinder gingen bei Anbruch der Abenddämmerung nach Hause und ließen ihn zurück.

Zeitig am kommenden Morgen brauchte der Bauer etwas Heu und fand Ryōkan darin.

Er rief: «Oh, Priester Ryōkan!«

Ryōkan sprach: »Pssst ... ich möchte nicht, dass die Kinder mich finden!«

Eines Tages kam ein Besucher nach Gogō-an. Ryōkan sagte: »Lass mich Tororo- Wurzel für dich zum Abendessen zubereiten«.

Dann verließ er die Hütte und kam lange nicht zurück. Der Gast wartete und wartete. Um Mitternacht kam Ryōkan zurück, mit überaus zufriedenem Gesichtsausdruck. Überrascht, den Gast zu sehen, fragte er: »Oh, du bist immer noch hier? Ich bin den Berg hinuntergegangen, um Tororo-Wurzeln für uns zu besorgen, aber dann hat mich jemand zum Abendessen eingeladen.«

Ryōkan sagte nichts mehr über das Mahl für seinen Gast, der ihn mit knurrendem Magen verließ.

Ein Bote überbrachte Ryōkan einst einen Brief und wartete auf dessen Antwort. Ryōkan ging in einen anderen Raum und kam lange nicht mehr heraus.

Plötzlich ertönte schallendes Gelächter aus dem Zimmer. Der Bote lugte hinein.

Ryōkan versuchte, seine Eisenschale auf dem hölzernen Ende seines Lehrerwedels zu rotieren. Jedes Mal, wenn die Schale herunterfiel, lachte er laut los.

Verärgert erinnerte ihn der Bote an die noch ausstehende Antwort. Ryōkan kam zu sich und schrieb sie sofort nieder.

Der Bote kehrte zurück und berichtete seinem Herrn, was er gesehen hatte.

Dieser war überaus belustigt und öffnete Ryōkans Antwort, welche lautete:

Wenn ich meine Eisenschale
wende, so dreht sie sich
rund und rund.

Sicherlich sind die meisten der Erzählungen über Ryōkan nicht als historische Dokumente zu werten, die tatsächliche Begebenheiten widerspiegeln. Sie geben aber einen guten Einblick in Ryōkans Außenwirkung. Viele der Geschichten aus den *Anekdoten* lassen Ryōkan naiv, gutgläubig und oftmals skurril erscheinen oder auch als ungepflegt, chaotisch und ein wenig rücksichtlos. Dennoch erscheint in allen Beschreibungen, auch in jenen, welche seine nicht so leicht zu ertragenden Eigenarten beschreiben, sein Charakter als ehrlich und von Grund auf ausgeglichen sowie von Frohsinn geprägt – den oftmals widrigen Umständen zum Trotz.

Diese farbenfrohen Geschichten wie auch die Tatsache, dass Ryōkan nicht nur ein zutiefst ergebener Zen-Schüler, sondern auch ein herausragender Künstler seiner Zeit war, mögen zu seiner posthumen Popularität beigetragen haben. Er muss ein Mensch gewesen sein, dessen Gegenwart viele suchten, weil man sich mit ihm wohlfühlte und der andere durch seine Anwesenheit überwiegend erfreute. Auf seine unprätentiöse Weise ermutigte er seine Mitmenschen, ihrerseits das Gute in sich selbst hervorzubringen. Ryōkan bot wenig Anlass zu schlechter Rede. Seine stille, ehrliche, bisweilen sonderlich anmutende Art war für viele ein Beispiel an rechter Lebensart.

Teil zwei

Kalligraphie

Kunst über Kunst

Nicht nur als Dichter sondern auch als Kalligraph ragt Ryōkan in seiner Zeit als einzigartig heraus. Bōsai Kameda, ein anerkannter konfuzianischer Schriftgelehrter und Kalligraph, der in der damaligen Hauptstadt Edo lebte, sagte über ihn: »Seine Kalligraphie ist unbeschreiblich schön.«

Es scheint, als sei Ryōkan bereits zu Beginn seiner Wanderjahre, bald nach Abschluss seiner Zen-Ausbildung, ein sehr versierter Kalligraph gewesen. Danach, in der Abgeschiedenheit seiner Grashütte, widmete er sich intensiv dem Studium klassischer Meisterwerke, obschon er hierfür auf kaum vorhandenes Quellenmaterial zurückgreifen musste.

Ryōkan erschuf seine Werke nur mit schmalen Pinseln und ohne sie nochmals zu überarbeiten. Daher bleiben alle seine Linien dünn. Manchmal hatte er einen Tuschestein, mit dem er seine eigene Tusche erstellen konnte, und einen dickeren Pinsel. Aber zu anderen Zeiten hatte er gar keinen Pinsel.

Wie erbärmlich –
keinen Pinsel zu besitzen!
Heute morgen gehe ich abermals
mit meinem Stock
und klopfe an die Tempeltür.

Für gewöhnlich besaß er auch kein Papier, es sei denn, ein paar Blätter waren ihm geschenkt worden.

Er bewunderte Huaisu, einen Mönch aus dem achten Jahrhundert, der für seine wilde kursive Schreibweise bekannt geworden war, und Tōfū Ono, einen Kalligraphen und Dichter am japanischen Hofe, der in Kana, der japanischen Silbenschrift, überaus versiert war. Ryōkan borgte sich Bücher von Steinabrieben klassischer kalligraphischer Meisterwerke und beschäftigte sich intensiv mit ihnen. Der Legende nach übte er immer wieder seine Pinselstriche in der Luft.

Bereits zu Lebzeiten, vor allem aber nach seinem Tod, kursierte eine Vielzahl von Fälschungen seiner Kalligraphien. Viele seiner Freunde und Bekannten baten ihn um eines seiner Werke, aber er hatte nicht immer Lust dazu.

Aus den *Anekdoten*:

> Wenn jemand Ryōkan um eine Kalligraphie bat, machte er sich nie sofort daran. Stattdessen sagte er: »Ich werde dir etwas schreiben, nachdem ich geübt habe und besser geworden bin.«
>
> Wenn er sich hingegen angeregt fühlte, dann kam es auch schon mal vor, dass er viele Blätter auf einmal beschrieb. Es machte ihm nichts aus – welcher Pinsel, welcher Tuschestein, was für ein Papier oder was für eine Tinte er dabei benützte. Da er meistens seine Gedichte aus der Erinnerung heraus aufschrieb, fehlten manchmal ein paar Buchstaben oder ein und dasselbe Gedichte hatte mehrere Fassungen.
>
> Der Inhaber eines großen Warenhauses in der Stadt Tera-

domari hatte schon lange vergeblich versucht, an eine von Ryōkans Kalligraphien zu gelangen. Da erspähte er Ryōkan auf dessen Bettelgang vor seinem Haus und zog ihn energisch hinein.

Sogleich bat er diesen, auf einen goldenen Wandschirm zu schreiben, den er extra für diese Gelegenheit vorbereitet hatte, und sagte:

»Ich werde Euch nicht eher gehen lassen.«

Keine andere Wahl habend, nahm Ryōkan einen Pinsel und bedeckte den gesamten kostbaren Schirm mit den Worten:

»Ich will nicht. Ich will nicht. Ich will nicht. Ich will nicht.«

Andererseits war er immer bereit, für Kinder zu kalligraphieren.

Aus den *Anekdoten*:

Dies geschah, als Ryōkan zum Bettelgang in der Handelsstadt Tsubame unterwegs war. Ein Kind kam zu ihm mit einem Blatt Papier und fragte: »Priester Ryōkan, würdet Ihr bitte etwas auf dieses Papier schreiben?«

Ryōkan fragte: »Wozu möchtest du es benutzen?«

Das Kind antwortete: »Ich möchte einen Drachen zum Spielen daraus machen. Also, schreibt bitte etwas, damit auch ein guter Wind wehen wird.«

Sofort schrieb Ryōkan die vier großen Schriftzeichen:

»Hoher Himmel, großer Wind« und gab dem Kind die Kalligraphie.

Er hat vielleicht ähnliche Stücke an andere Kinder verteilt. Zumindest eines davon ist bis heute erhalten und wurde zu einem seiner bekanntesten Werke.

Der Schriftzug wird normalerweise von rechts oben nach unten gelesen, »tian shan da feng« auf Chinesisch, »ten jō dai fū« auf Japanisch. Die linke Spalte bedeutet: »Ryōkan sho« – geschrieben von Ryōkan. Die Kalligraphie ist in formaler Schrift geschrieben.

Diesem Stück mangelt es nicht an technischer Unvollkommenheit:

Ryōkan begann die ersten drei Schriftzeichen mit zu viel Tinte, daher verläuft diese zu Beginn der einzelnen Zeichen auf dem dünnen Reispapier. Andererseits hatte er nicht mehr genügend Tinte und Spannkraft auf den beiden unteren, horizontal zeigenden Linien des Zeichens »Himmel«. Seine Hand wackelte auf der vertikalen Linie des zweiten Schriftzeichens »hoch« und auf der von horizontal oben nach rechts unten zeigenden Linie des letzten Zeichens, »Wind«.

»Himmel« ist zu groß, »hoch« ist zu klein. »Wind« steht zu weit links, so dass er seine Unterschrift in die linke untere Ecke quetschen musste.

Im Allgemeinen schätzt man in der Kalligraphie technische Perfektion und eine höchst elegante Abfolge der einzelnen Schriftzeichen. Die meisten Kalligraphen streben danach und in vielen Fällen erkennt man ihr Ringen um Perfektion an der Art ihrer Linienführung.

Wenn jedoch Kalligraphie-Begeisterte oder Kunstliebhaber allgemein dieses Stück von Ryōkan betrachten, so können die meisten von ihnen nicht umhin, tiefe Bewunderung auszudrücken. Wir stellen auf einen Blick fest, dass der Künstler gänzlich unprätentiös und einfach vorging und nicht im Geringsten danach strebte, seine Kalligraphie gut aussehen zu lassen. Wie wir an anderen Beispielen sehen werden, war Ryōkan ein herausragender Kalligraph. Es liegt eine große Freiheit in diesen kindlich anmutenden Linien. Sie zeigen, dass er ein Kind *war*, wenn er sich mit Kindern umgab.

Ein armer Bauer sagte zu Ryōkan: »Eure Schrift ist schwer zu lesen. Könnt Ihr bitte etwas schreiben, was selbst ich lesen kann?«

Ryōkan schrieb: »Eins, zwei, drei«, und sagte: »Ich hoffe, du kannst das lesen.«

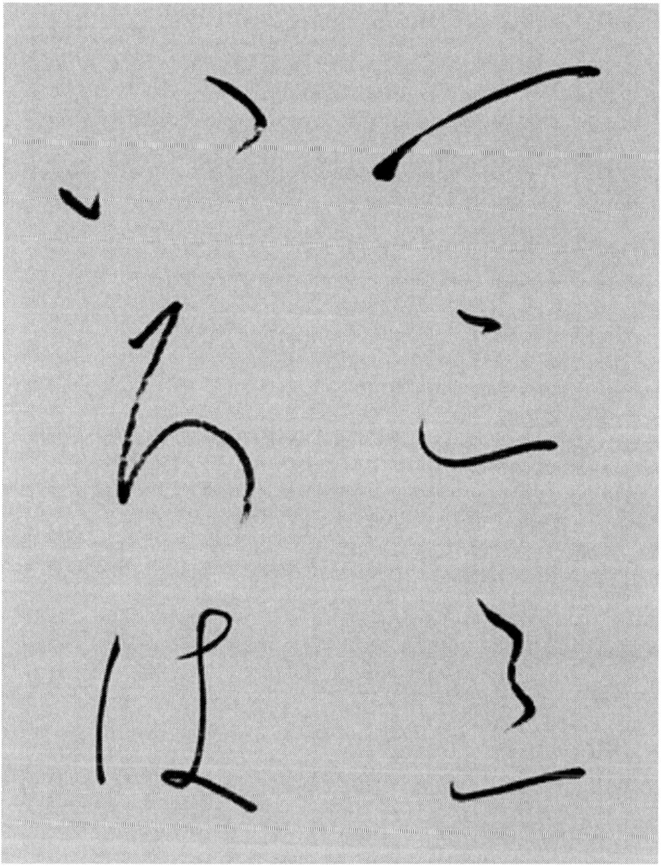

Normalerweise schreibt man »eins« als eine einzige horizontale Linie, »zwei« und »drei« als jeweils zwei, bzw. drei horizontale Linien. Es gibt in der ostasiatischen Begriffsschrift keine einfacheren Symbole. Der Dorfbewohner, dem Ryōkan diese Kalligraphie gab, mag gedacht haben, dass es sich hierbei um einen Scherz des Meisters gehandelt hat.

In der Zen-Tradition aber bedeuten Zahlen manchmal die Wirklichkeit selbst.

Als zum Beispiel Dōgen Zenji, in China studierte, traf er einmal auf den alten Koch eines Zen-Klosters.

Dieser sagte zum jungen Dōgen:

»Um Worte zu studieren, musst du deren Ursprung kennen. Um dich dem großen Unterfangen der Übung zu unterziehen, musst du deren Ursprung kennen.«

Dōgen fragte: »Was sind Worte?«

Der Koch antwortete: »Eins, zwei, drei, vier, fünf.«

Dōgen fragte weiter: »Was ist Übung?«

Der Koch sprach: «Nichts im gesamten Universum ist verborgen.«

Als Dharma-Nachfolger Dōgens kannte Ryōkan vielleicht diese Unterredung.

Als das ideographische Schreibsystem in China vor etwa viertausend Jahren erfunden wurde, ritzte man diese Zahlen in den Boden oder schnitzte sie in Holz oder auf Tierknochen – mit geraden horizontalen Linien. Nach der Erfindung des Pinsels etwa zweitausend Jahre später entwickelten Kalligraphen eine andere Ästhetik – die der Asymmetrie innerhalb einer einzigen

Linie sowie zwischen mehreren Linien. Dieses Werk Ryōkans, das in einer halb-kursiven Schrift geschrieben wurde, folgt dieser Tradition.

Die erste Horizontale zeigt nach oben, so wie es in der Kalligraphie chinesischen Stils üblich war, aber hier ziemlich steil. Nach dem anfänglichen Herunterdrücken des Pinsels lässt der Druck gleichmäßig und langsam nach, um zum Schluss hin eine feinere Spur zu hinterlassen. Auf einen grazilen Bogen folgt eine rückwärts zeigende Bewegung mit dem Pinsel, um eine möglichst ausgeglichene Weite des Pinselstrichs auf seinem letzten Drittel zu erzielen. Am Ende dieser Linie wird der Pinsel leicht heruntergedrückt und geht über ins nächste Schriftzeichen.

Im obigen Beispiel ist, wie es auch den Anforderungen entspricht, die erste der beiden Linien des Zeichens »zwei« kürzer als die darunter liegende. Hier jedoch ist diese Linie extra-kurz, fast einem Punkt gleich. Der untere Teil des Zeichens beginnt mit einer exakter Spitze, folgt dann einer rundlichen Bewegung, die mit einer subtilen, nach unten gerichteten Linie endet.

Die ersten beiden Linien des Zeichens »drei« bestehen aus zwei Diagonalen, die durch eine Ligatur miteinander verbunden sind. Gefolgt von einer unsichtbaren Ligatur, verläuft die letzte Linie dieses Schriftzeichens nahezu gerade.

Auf die letzte Reihe schrieb er: »Ryōkan sho« – »geschrieben von Ryōkan«.

Zwischen den einzelnen Linien und Schriftzeichen liegt ausreichend Platz. Ryōkan schuf einen Stil, in dem selbst feinste Linien, mit nur wenig Pinselstrichen gemalt, auf großem Raum bestehen können.

Hier ein Beispiel seiner chinesischen Gedichte:

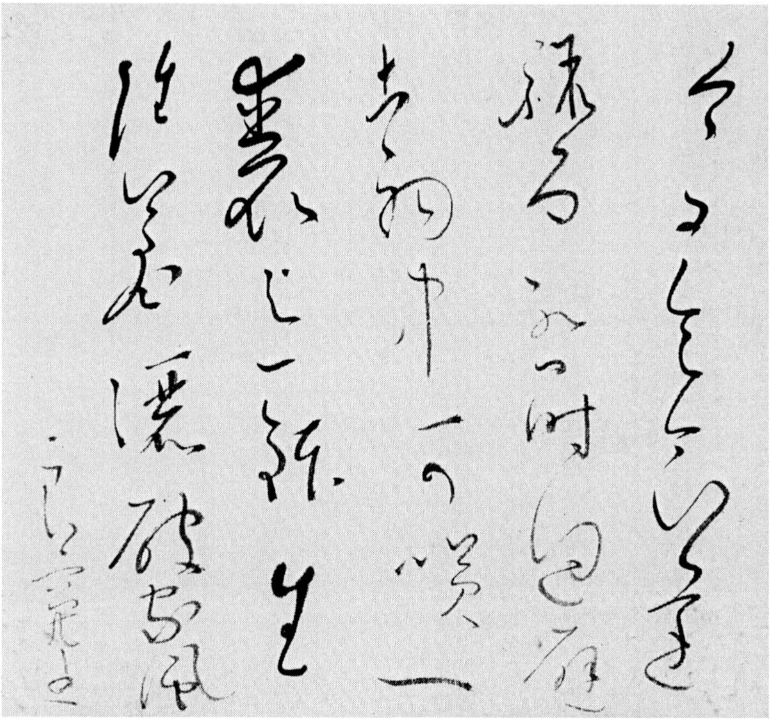

Dies ist ein Gedicht aus vier vertikalen Reihen, das aus sieben Schriftzeichen pro Reihe besteht. Aber Ryōkan schrieb es in fünf Reihen, so dass es aus fünf, sechs, fünf und sechs Schriftzeichen besteht. Es kann folgendermaßen übersetzt werden:

Heute auf dem Bettelgang wurde ich von einem Regenguss
überrascht.
Eine Zeitlang fand ich Unterschlupf in einem alten Schrein.
Lach doch über meinen einzigen Becher und die eine Schale.
Bescheiden und rein –
mein Leben: ein heruntergekommenes Haus.

Dieses Blatt zeigt uns eine sehr dynamische Weise, die kursive Schrift anzuwenden. Der Pinsel beginnt, gut mit Tinte gesättigt, und trocknet langsam auf seinem fließend dahin tanzenden Weg, wobei er äußerst anspruchsvolle, das Auge fesselnde Spuren hinterlässt. Die vertikalen Reihen verlaufen spontan etwas geneigt und bilden so zu beiden Seiten einen überaus lebendigen Raum. Die Größe der einzelnen Schriftzeichen weist eine hohe Variabilität auf. Das Gedicht erzählt von Besitzlosigkeit, was durch die Kalligraphie, die ebenfalls keine fixe Haltung bezieht, zusätzlich unterstrichen wird.

Ryōkan, im Alltag sparsam mit Worten, schrieb Gedichte oder Notizen auch dann mit großer Sorgfalt, wenn es sich nur um eine Bitte handelte, wie zum Beispiel nach ein wenig Sojabohnenpaste oder eingelegten Pflaumen oder wenn er einen Dankesbrief verschickte:

Da ist
ein Augenblick reiner Freude,
nachdem Zeichen
schön geschrieben sind
in einem Brief an jemanden.

Hier ein Beispiel für eine derartigen Notiz:

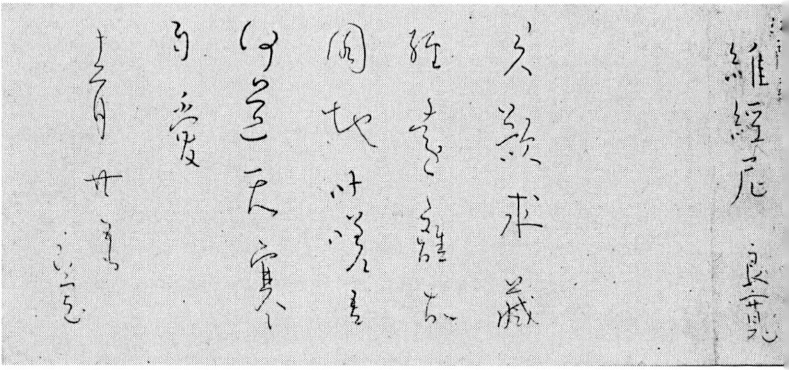

Sie besagt:

An die Nonne Ikyo Edo-Ryōkan

Du versuchst, Dir den großen Kanon anzueignen,
weit weg von Zuhause.
Ah, was kann ich sagen?
Der Himmel ist kalt.
Pass gut auf Dich auf.

Der fünfundzwanzigste Tag des zwölften Monats
Ryōkan

Das ist ein relativ kurzes Schreiben für eine Kommunkation, die über eine große Distanz reicht. Vielleicht wartete ein Bote vor seiner Hütte. Vielleicht kam auf einmal jemand vorbei, der die Nonne in Edo sehen würde. Ryōkan hatte sie, die Nichte seines

Freundes Saichi, ermutigt, sich auf den Dharma-Weg zu begeben. Im Jahr 1818 wollte ihr Lehrer Kohan vom Tokushō-Kloster in Yoita den gesamten buddhistischen Kanon auf Chinesisch kaufen, der damals aus 9056 Bänden bestand. Da er nicht ausreichend Geld auftreiben konnte, begab sich Ikyo selbst nach Edo, um durch Bettelgänge die restliche Summe aufzubringen.

Ryōkan schrieb dies auf Chinesisch – ungewöhnlich für ihn –, aber gebildete Buddhisten konnten zu jener Zeit Chinesisch lesen und schreiben.

Der vertikale Falz auf der rechten Seite deutet darauf hin, dass das Papier wahrscheinlich wie eine Ziehharmonika gefaltet war und die rechte Reihe als Frontseite fungierte. Daher kommt Ryōkans Name zwei Mal vor.

Die Frontseite ist in semi-kursiver Schrift geschrieben, die Innenseite in Kursivschrift. Am Anfang und zwischen den einzelnen Schriftzeichen wurde viel Raum belassen, was das lockere und elegante Aussehen dieser Nachricht unterstreicht.

Neben der Kalligraphie im chinesischen Stil schuf Ryōkan einige Werke in Kana (Lautschrift). Hier ein Beispiel eines Tanka, eines traditionellen, kurzen japanischen Gedichts:

Ich kam und fand
mein Heimatdorf
entwohnt.
Nur gefallene Blätter
über Gärten und Zäunen.

Ryōkan

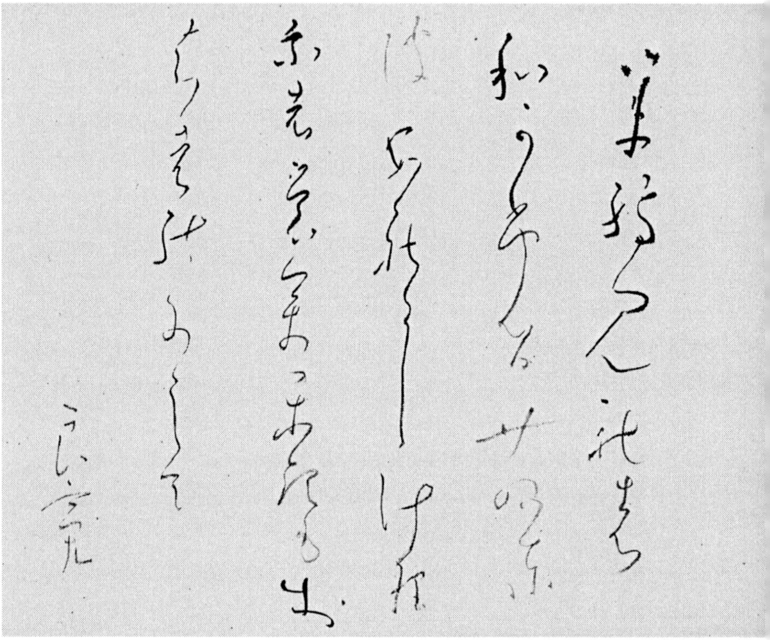

Ryōkan schrieb dieses einunddreißig-silbige Gedicht in Reihen von fünf, sechs, sechs, acht und sechs Zeichen und beendete es mit seiner Unterschrift.

Der häufige Gebrauch von Ligaturen unterstreicht den Fluss der Schrift. Die verschiedenen Schattierungen an Tinte wiederholen sich in rhythmischer Reihenfolge.

Hier ein weiteres Beispiel eines Tanka auf einem fächerartigen Blatt Papier, in flüssigem, aber sehr ruhigem, soliden Man'yōgana, Ideographen, die als phonetische Symbole verwendet werden:

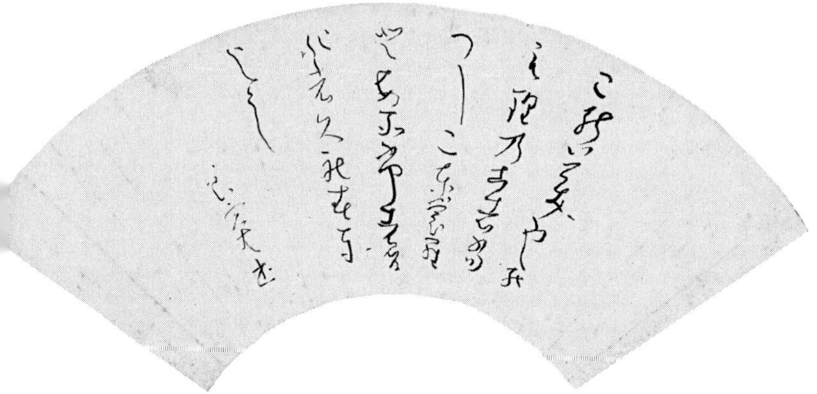

Mit Kindern spielen
unter Bäumen
in diesem Schreinwald.
Möge dieser Frühlingstag
niemals in die Dämmerung übergehen!

Den Vorgaben der klassischen Meister folgend und dennoch uneingeschränkt verspielt, mit einem bewundenswerten Gespür für Zwischenräume, sind Ryōkans Linien schlank, dennoch übermütig und dabei noch erstaunlich kraftvoll. Er hinterließ viele solcher Werke. Er soll auch einige monochromatische Bilder gezeichnet und gemalt haben. Abgesehen von dem Selbstbildnis Ryōkans auf Seite 55, ist uns nicht bekannt, dass diese erhalten geblieben wären. Die meisten heutigen Bücher über Ryōkan, die mit Bildern illustriert sind, stammen nicht von ihm selbst.

Kalligraphie gilt in Ostasien als die höchste unter den Künsten, denn die spirituelle Tiefe eines Künstlers wird unmittelbar, geradezu schonungslos, in den gezogenen Linien sichtbar. Nichts kann hierbei versteckt werden.

Wenn wir einen Vergleich der drei herausragenden Zen-Meister, Dōgen, Hakuin, Ryōkan mit ihrem Dreigestirn an extremen Positionen versuchen, so könnte dies so aussehen:

Die Tuschearbeiten von Dōgen Zenji, dem Begründer der Sōtō-Zen-Schule, der auch Ryōkan angehörte, ist geradeheraus und präzise. Sie zeichnen sich durch höchste Beständigkeit aus, die auch über große Arbeiten hinweg aufrechterhalten wird, wie zum Beispiel das *Fukanzazengi* zeigt, eine etwa drei Meter lange Abhandlung über Zazen.

Die Kalligraphie von Hakuin, dem Rinzai-Meister, der einige Jahrhunderte vor Ryōkan lebte, fesselt in ihrer Verwegenheit und Ungeschliffenheit.

Ryōkans Pinselstriche sind spontan, unregelmäßig und fließend. Er versah seine Arbeiten nie mit seinem Siegel und missachtete dabei die ostasiatische, allgemein akzeptierte Konvention, das eigene Werk am Ende zu signieren.

Es scheint, als habe er weder eine Verbindung zu den verschiedenen Zen-Institutionen noch zu den damals oft hoch angesehenen künstlerischen Kreisen gepflegt. Tatsächlich bildete er einen Gegenpol zu den etablierten Künstlern seiner Zeit, deren Stil hoch intellektuell und oft vom Streben nach technischer Perfektion geprägt war.

Aus den *Anekdoten* stammt eine Geschichte, die vielleicht etwas übertrieben bis dramatisiert erscheint, aber im Kern den Geist von Ryōkans Kunst einfängt:

Der bekannte Kalligraph Ryōko Maki aus Niigata befand sich auf der Rückreise von Edo und arbeitete unterwegs an verschiedenen Orten in der Provinz Echigo. Von einem reichen Mann erhielt er den Auftrag zu einer Kalligraphie auf zwei Wandschirmen in dessen Anwesen.

Er machte sich sogleich ans Werk, beendete die erste Hälfte und legte dann im Nachbarzimmer eine Pause ein.

Da schlich ein alter Mönch in den leeren Raum, nahm kühn den Pinsel zur Hand, beendete die zweite Hälfte und verschwand. Jemand bemerkte es und informierte den Hausherrn.

Aufgeregt ging dieser mit dem Künstler in dessen Arbeitszimmer. Jener sah sofort, dass es sich um ein außergewöhnliches Kunstwerk handelte, von kraftvollem und überaus lebendigem Pinselstrich.

Er sagte zum Hausherrn: »Schnell, bringt diesen alten Mönch herbei!«

Als Ryōkan sah, dass ihm jemand rufend nachrannte, fiel er zu Boden und bat: »Ich bitte Euch, verschont mich!«

Der Bote sprach: »Darum geht es nicht.«

Er erklärte, was ihm aufgetragen worden war, und führte ihn zum Anwesen zurück.

Der Hausherr verwöhnte Ryōkan großzügig und dankte ihm zusammen mit dem Kalligraphen für die Vollendung der beiden so kostbaren Juwelen auf seinen beiden Wandschirmen.

Einer der am häufigsten zitierten Ausdrücke Ryōkans über Kunst lautet: »Ich hasse Kalligraphie von Kalligraphen und Gedichte von Dichtern.«

Ryōkan missachtete häufig die elaborierten Vorschriften, die beim Erschaffen zum Beispiel von chinesischen Gedichten üblich waren. Oseki Bunshu, ein mit ihm befreundeter Arzt, berichtet: »Eines Tages bemerkte jemand, dass die Kanshi des Meisters viele technische Fehler enthielten.

Der Meister antwortete: «Ich sage, was sich in meinem Herz und Kopf befindet. Was weiß ich von diesen technischen Dingen? Wenn es Menschen gibt, die darin geübt sind, so können sie selbst eine Auswahl davon zusammenstellen.«

Erschrocken eilte der Fragende davon.

Ryōkan verabscheute die zu seiner Zeit üblichen Wettbewerbe mit Gedichten zu verschiedenen Themenbereichen. Es hat den Anschein, als sei er der Meinung gewesen, ein Streben nach Professionalität und eine gewisse Kunstfertigkeit stünden einer direkten und von Herzen kommenden Ausdrucksweise im Weg. Eines der Gedichte im chinesischen Stil beschreibt seine Kritik an einem aufstrebenden Dichter:

Wie schade – ein guter junger Mensch!
Du lebst abgeschieden und schreibst gerne Gedichte.
Du lernst den alten Stil aus den Dynastien der Han und Tang
und nimmst Dir die jüngeren Tang zum Vorbild.
Mit Bedacht bringst Du Deine Linien hervor
und gibst ein wenig Neues hinzu.
Aber wenn Du nicht der Tiefe Deines Herzens Ausdruck verleihst,
wozu dann all die vielen Linien?

In einem anderen Gedicht sagt er:

Wer nennt meine Gedichte Gedichte?
Meine Gedichte sind keine Gedichte.
Nur wenn Du weißt, dass meine Gedichte keine Gedichte sind,
können wir zusammen über Gedichte sprechen.

Über einen weiterer Aspekt von Ryōkans Abneigung gegenüber den »Gedichten der Dichter« können folgende Zeilen Aufschluss geben:

Du siehst den Mond durch einen Fingerzeig.
Du erkennst den Finger durch den Mond.
Mond und Finger –
nicht gleich, nicht verschieden.
Um Anfänger zu leiten,
wird manchmal dies Gleichnis bemüht.
Hast Du einmal gesehen, wie die Dinge wirklich sind,
gibt es weder Mond noch Finger.

Im Zen ist der Mond ein häufig gebrauchtes Bild für tiefes Erwachen, für die wahre Wirklichkeit. Der Finger ist das Mittel, das eingesetzt werden muss, um diese zu beschreiben – Worte zum Beispiel. Häufig wird daher darauf hingewiesen, dass wir nicht Mittel und Werkzeuge betrachten sollten, sondern den Mond selbst. Anstatt Bücher zu lesen, Sutren zu studieren oder blind einem Lehrer zu folgen, sind wir angehalten, selbst zu erfahren, was in diesen Schriften steht. Diese »Unabhängigkeit von Wort und Schrift« bildet eine der Grundlagen der Zen-Praxis. Im Zen des Ryōkan, dem Sōtō-Zen, gibt es hierfür nur einen Weg: *shikantaza*, das ungegenständliche, reine Sitzen.

Es hat den Anschein, als ob Ryōkan hierin mehr mit dem Begründer seiner Schule als mit dem Zen des Mahayana übereinstimmte: Dōgen wurde nicht müde zu betonen, dass wir unsere Erfahrung mit anderen teilen und ihr Ausdruck verleihen sollten.

In diesem Sinne ist der Finger nicht nur als Werkzeug, als geschicktes, weises Mittel *(upaya)* zu sehen, sondern wird selbst zu einem Teil des Mondes. Es ist, nach Dōgen, nicht so, dass der Mond die wahre Wirklichkeit darstellt und der Finger nicht – dass diese Wirklichkeit wichtiger wäre als ein wahrer Ausdruck ihrer selbst. Wenn wir wirklich den Mond sehen, ist klar, dass der Finger einen Teil davon darstellt. Mit anderen Worten: Solange wir nicht unserem Erwachen Ausdruck verleihen können, es mit anderen zu teilen vermögen, ist unser Erwachen noch nicht vollständig. Dem Mond ein Gesicht zu geben durch unseren Mund, unser Sein, unser Leben mit anderen – und somit beide in jenem Licht erstrahlen zu lassen, in dem sie am hellsten scheinen – das ist das Gleiche.

Gedichte

Wanderzeit (1790 – 1796)

Neuer Teich.
Kein Laut eines
hineinhüpfenden Frosches.

*

Außer Atem
bergan zum Gipfel –
ein Sardinenverkäufer.

*

An einem Ort namens Akō schlief ich im Wald des Tenjin-Schreins.
Eiskalter Sturm.

*

Bergsturm!
Tobe nicht ganz so wild
des Nächtens auf meiner Reise,
während ich versuche, auf dem einen Ärmel
meiner weißen Robe zu schlafen.

*

Am nächsten Tag kam ich zu einem Ort namens Karatsu. An jenem Abend erneut keine Unterkunft.

Ist es das, was ich erwartet habe?
Heute Nacht schlafe ich
abermals draußen.
Ein Bett aus Unkraut
am Wegesrand.

*

Am Abend des Herbstmondes

Zusammen mit anderen
betrachte ich den Mond
über der Hauptstadt,
doch sehne ich mich
nach dem Wind auf dem Lande.

*

Auf einem Graskissen
Nacht für Nacht
meine wechselnde
Reiseunterkunft.
Träume von dem
einen Dorf in der Heimat.

*

Reife Jahre – Gogō-an (1796 – 1816)

entstanden in Gogō-an, der »Fünf Löffel«-Hütte,
auf dem Berg Kūgami

In dies Dorf kommen,
Pfirsichblüten
in voller Pracht.
Ihre roten Blätter spiegeln sich
im Fluss.

*

Im Herbstfeld
überall verstreut
Hunderte von blühenden Gräsern.
Ein Hirsch röhrt,
während er sich niederlegt.

*

Sommer

Regenfrösche
verschwinden
in meinem Topfputzen.

*

Takuhatsu

Zeitig an einem Morgen im Herbst
zieh ich aus zum Bettelgang in die Stadt.
Silberne Wolken segeln mit mir.
Goldene Winde lassen meine Glöckchen erklingen.
Morgens öffnen sich tausend Tore und Türen.
Mittags, am anderen Ende der Stadt, werden Bambushaine
und Bashō-Baum zu einem Bild.
Ost oder West – kein einziges Haus werd ich auslassen,
ob Wein- oder Fischhändler – ich besuche sie alle.
Der aufrechte Blick ehrlicher Augen bricht einen Stapel
Schwerter.
Wacher Füße Schritte löschen langsam kochende Hitze.
Vor langer Zeit lehrte der Prinz des Königs Suddodhana das
Dharma
und der Goldene Asket empfing die direkte Übertragung.
Seither sind es zweitausendsiebenhundert Jahre und mehr.
Doch bin ich ebenso ein Kind der Shākya-Familie.
Eine Schale, ein Gewand – kristallklar.
Der alte Mann Vimalakirti sagte dereinst:
»Gleich im Empfangen der Speise, gleich im Geben des
Dharma müssen wir sein.«
Ich nehme dies so, wie es ist.
Übe fest wie ein Berg, weiter und immer weiter – höre nie-
mals auf!

*

Schau und versteh:
Am Ende ist nichts auf dieser Welt
von Dauer.
Weder späte noch frühe Blumen
werden bleiben.

*

Seit ich mein Zuhause verlassen habe
und mich in die Welt begebe, sind Jahreszahlen versiegt.
Gestern lebte ich auf einem grünen Berg.
Heute spiele ich in der Stadt.
Mehr als tausend Flicken halten mein Gewand.
Meine einzige Schale kennt keine Jahre.
Auf meinen Wanderstab gelehnt, singe ich in die klare Nacht.
Ich breite meine Strohmatte aus und schlafe unter dem Mond.
Wer sagt: Ich zähle nicht?
Dieser Körper ist einfach nur dies.

*

Gänzlich aufgeklart,
der wolkenverhangene Himmel.
Herz des Takuhatsu
wie es ist –
ein Geschenk des Himmels.

*

Nach dem Bettelgang
trage ich zufrieden mein Bündel aus der Stadt.
Wohin soll ich zurückkehren?
Steht meine Hütte nicht dort bei dieser weißen Wolke?

*

Ein gebogener Zeremonienstab

Betrachte ihn nicht als Kachel oder Kiesel.
Vergleiche ihn nicht einmal mit einem Juwel.
Er ist so selten wie das Horn eines schwarzen Drachens
und so lebendig wie der Rüssel eines blauen Elefanten.
An einem Herbstabend bei einem Dharma-Vortrag dient er
und leistet mir auch Gesellschaft, während ich an einem
 Frühlingsnachmittag ein wenig döse.
Obschon keine Hilfe beim Abstauben,
putzt er doch das Herz des Weges.

*

Die Vergangenheit – vorbei.
Die Zukunft – noch nicht gekommen
Die Gegenwart – nicht von Dauer.
Dinge ändern sich; auf nichts ist Verlass.
Vergebens hältst du fest an Worten, an Begriffen
und zwingst dich, ihnen Glauben zu schenken.
Jage nicht nach neuem Wissen.
Lass die alten Ansichten hinter dir.
Untersuche gründlichst, was wesentlich ist.
Danach – schau hindurch.

Schau hindurch, bis es nichts mehr hindurchzusehen gibt:
Dann wirst du endlich deine verkehrten Sichtweisen erkennen.

*

Wie groß ist das Gewand der Freiheit –
ein Feld des Glücks jenseits aller Formen.
Von Buddha zu Buddha wahrheitsgemäß weitergereicht,
von Ahne zu Ahne direkt empfangen.
Nicht weit, aber auch nicht eng.
Weder Kleid noch Faden.
Bewahre es genau so.
Dann kannst du jemand genannt werden, der seine Robe hochhält.

*

Was gestern richtig war,
ist heute falsch.
In dem, was heute richtig ist,
woher weißt du, dass es nicht gestern falsch war?
Es gibt kein letztes Richtig oder Falsch.
Unvorhersehbar sind Gewinn und Verlust.
Nur Dumme kleben die Stege einer Zither an,
doch ohne Bewegeung – kein Ton.
Die Weisen hingegen dringen vor zur Quelle,
aber spazieren oft zu lange umher.
Nur wenn du weder weise bist noch dumm,
kannst du jemand genannt werden, der den Weg erlangt hat.

*

Wenn Zhaozhou »Ja« sagt, sage ich ja.
Wenn Zhaozhou »Nein« sagt, sage ich nein.
Wenn Du »Ja« sagst, sage ich nichts.
Wenn Du »Nein« sagst, sage ich nichts.
Wenn Du fragst: »Ist das so?«,
sage ich immer noch nichts.

*

Wenn jemand fragt
nach dem Herzen dieses Mönchs,
sag: Es ist nicht mehr
als eine Botschaft des Windes
in des Himmels großer Weite.

*

Über das Fortgehen von Zuhause

Ich kam in die Berge,
um das Rauschen
der Wogen zu vermeiden.
Einsam nun auf andere Weise –
Wind im Kiefernwald.

*

Der Herbst rückt voran
und ich werde
ein wenig traurig
beim Verschließen des Tors
zu meiner Grashütte.

Zurück in der Provinz Echigo –
ich bin nicht länger
an dieses Klima gewöhnt.
Immer unerbittlicher
die Kälte auf meiner Haut.

*

Vergänglich und flüchtig
in stetem Wandel
währt ein junges Gesicht nicht lang.
Schwarzes Kopfgarn wird zu weißem Faden.
Der Rücken biegt sich einem Bogen gleich.
Die Haut schlägt wellige Falten über einem stürmischen Gesicht.
Nächtelang zirpen Grillen in deinen Ohren;
endlos schippern Flecken durch deine Augen.
Dich erhebend, seufzt du ein Weilchen.
Zerstreut gehst du an deinem Stock.
Begleitet von heutigen Sorgen,
gedenkst du der Freuden früherer Tage.
Wie bedauerlich: dies Klagen über dein hohes Alter!
Du bist wie ein frostbedeckter Ast.
Unter denen, die das Leben in den Drei Welten empfangen haben –
wer kann vermeiden, dorthin zu gelangen?
Augenblick um Augenblick ist nichts von Dauer.
Wie lang dauern junge und reife Jahre?
Tag für Tag zerfallen die vier Elemente.
Nacht für Nacht schwinden Körper und Geist.

Wenn du einmal auf dem Kissen liegst,
wirst du lange nicht von ihm weichen.
Wenngleich du oft Selbstgespräche führst,
was nützt das noch?
Wird ein Atemzug abgeschnitten,
haben die Sechs Wurzeln nichts, wovon sie abhängen
können.
Angehörige beklagen dein taubes Gesicht.
Frau und Kinder trauern beim Streichen über deinen
Rücken.
Sie rufen nach dir, aber du gibst keine Antwort.
Sie weinen um dich, aber du wirst es nicht mehr erfahren.
Dunkel und dunkler ist der Pfad zur Gelben Quelle.
Betäubt und benommen gehst du allein.

*

Mönche

Ihr habt euer Haar abgelegt und seid Mönche geworden.
Nun bettelt ihr um Essen und nährt euer ursprüngliches
Bestreben.
Wenn ihr euch auf diese Weise betrachtet,
wie könnt ihr dann nicht erkennen und aufwachen?
Ich höre jene, die ihr Zuhause verlassen haben,
Tag und Nacht fortwährend schreien.
Nur zum Wohle eurer eigenen Mägen und Münder
rennt ihr ein Leben lang draußen umher.
Die weiße Roben tragen, ohne
einen den Weg suchenden Geist zu haben –
ihnen kann noch vergeben werden.

Die ihr euer Zuhause verlassen habt,
ohne einen den Weg suchenden Geist zu tragen –
ach, wie könnt ihr euch von Verschmutzung reinigen?
Das Haar des Anhaftens in den Drei Bereichen
durchschneidend,
tragt ihr ein Gewand, das alle Ideen über Form und
Gewinn zerstört.
Die Reise aus dem Bereich menschlicher Verpflichtungen
in das Gebiet jenseits des Tuns ist kein nutzloses
Unterfangen.
Wenn ich in der Welt umherwandere, sehe ich
Männer und Frauen ihre Aufgaben erfüllen.
Wenn sie nicht weben, was könnten wir tragen?
Wenn sie nicht säen, was könnten wir essen?
Heute nennt ihr euch Kinder Shākyamunis,
obschon ihr weder Übung habt noch tiefes Erwachen.
Achtlos verprasst ihr die Spenden eurer Wohltäter, ohne
auch nur
einen Gedanken an die Drei Arten der Handlung zu
verschwenden.
Ihr steckt die Köpfe zusammen und schwingt große Reden,
aber eure Gewohnheiten bleiben die immer gleichen.
Ihr betrügt alte Frauen vom Lande, indem ihr den
Anschein von Redlichkeit erweckt.
Ihr haltet euch für fähig und geeignet.
Ach, wann werdet ihr aufwachen?
Selbst wenn ihr auf eine Herde säugender Tigerweibchen
trefft,
flieht nicht auf den Weg von Ruhm und Gewinn.

Selbst ein Ozean kann nicht auch nur den leisesten
Gedanken
daran rein waschen.
Was haben eure Lehrer Tag und Nacht getan,
seit sie euch ordiniert haben?
Sie haben Räucherstäbchen dargebracht
und zu Buddhas und Göttern gebetet,
um euer Streben für den Weg zu festigen.
Wie könnt ihr nur im Einklang mit ihren Wünschen
stehen,
so wie ihr heute seid?
Die Drei Bereiche sind wie ein Gästehaus,
ein Menschenleben wie ein Tautropfen.
Die Zeit zum Üben ist schnell verronnen,
das wahre Dharma selten zu finden.
Man muss energisch bestrebt bleiben.
Wartet keine fortwährenden Ermutigungen ab.
Nicht weil ich daran Gefallen fände,
biete ich euch derart bittere Worte an.
Von nun an, geht in euch.
Ändert eure Haltung.
An euch, in einer späteren Generation:
Lasst sie los, eure kleine Furcht!

*

Chugens Lied

Meine Mutter ging vor langer Zeit, mein Vater ebenso.
Wie oft bin ich in tiefer Trauer!
Mir verblieben nur die beiden:

Myogo, Mutters ältere Schwester, und meine jüngere Schwester Myoshin.
Letztes Jahr im fünften Monat starb Myoshin.
Myogo hingegen lebte noch an Chugen.
Die Zeit verging und heuer an Chugen
wurde Myogo zu einer Bewohnerin der Neun Felder.
Letztes Jahr machte ich mich auf nach Kyōto und weinte.
Dieses Jahr zog ich ans Ufer von Seen und Flüssen,
mit jedem Ortswechsel vertiefen sich die Gefühle.
In meinem Umherwandern nach Süden und Norden halte ich für einen Moment inne,
sammle hier und dort Wasserlinsen in des Tales Strom.
Weinend habe ich das Ufer des Flusses Ki in der Ferne vor Augen.
Nach der Tempelreinigung halten die Mönche eine Urabon-Zeremonie ab.
Trauriger Gesang hallt von den roten Fahnen wider.
Dann kommt eine kühle Brise auf –
erfrischende, dunkle Regenschauer vermischen sich mit Staub.
Nach dem Regen werfen Bananenstauden lange Schatten in der sinkenden Sonne –
der Geist meines Vaters vor mir.
Nach der Zeremonie kehre ich in die Mönchshalle zurück
und spreche eine stille Widmung zu seiner Befreiung:
»Geist! Bleib nicht für immer versunken.
Schnell, mach ein Boot fertig und setz über ans andere Ufer.«

*

Rede

Bräuche – von Jahr zu Jahr verschwommener.
Sowohl Edle als auch Gewöhnliche sinken tief und tiefer.
Der Menschen Geist wird anfällig mit der Zeit.
Der Ahnenweg – schwächer von Tag zu Tag.
Lehrer sprechen von nichts anderem als dem Namen ihrer Schule.
Schüler bestätigen sie in ihrer Engstirnigkeit.
Lehrer und Schüler – aneinander gebunden,
stur und unwillens der Veränderung.
Wenn das Ziel des Dharma in der Gründung einer Schule bestünde,
so hätten es die alten Weisen längst getan.
Wenn jeder eine Schule hervorzaubert,
welcher, bitte, soll ich angehören?
Ihr alle, beendet euer Geschrei
und hört meiner Rede zu!

Eine Rede sollte einen Anfang haben.
Lasst mich mit dem Einen vom Geierberg beginnen.
Der Buddha ist das Himmlischste unter den himmlischen Wesen.
Wer kann dies kritisieren?
Fünfhundert Jahre nach seinem Tod
trugen die Menschen zwei oder drei Bände mit seinen Reden zusammen.
Der Bodhisattva Nagarajuna kam auf die Welt
und schrieb eine Abhandlung über den Begriff der Leere.
Er sagte, er sei ganz einfach dazu berufen worden.

Wer liegt richtig, wer liegt falsch?
Nachdem das Buddha-Dharma gen Osten zog,
wurde zuerst das Kloster Baime gegründet.
Unser Meister Bodhidharma kam von weither.
Erst dann fanden alle Lehren ihre Quelle.
Zen wuchs heran im Großen Reich der Tang.
Nie zuvor ist es von derart herrlicher Blüte gewesen.
Die Gemeinde führend und die Massen anleitend,
war jeder Lehrer ein Löwe im Dharma.
Obschon plötzliche und allmähliche Lehren aufkamen,
gab es noch keine Nördlichen oder Südlichen Schulen.

In der späteren Song-Dynastie
wurde der weiße Juwel langsam beschädigt.
Die Fünf Schulen wiesen ihre Anführer aus,
die Acht Schulen wetteiferten miteinander.
Weit reichte ihr Einfluss,
unaufhaltsam war ihr Vormarsch.

Dann kam unser Eihei Dōgen:
ein wahrer Pionier der Alten Zeit.
Seit seiner Jugend Taibos Siegel der Anerkennung tragend,
schickte er Donnerrufe durch dieses Land.
Gewaltig war sein Werk der Verbreitung des Dharma,
selbst Drachen und Elefanten wurden hiervon überschattet.
Sogar Einsiedler verfehlten nicht ihr tiefes Erwachen.
Er leitete auch solche an, die auf fernen Inseln lebten.
Er warf über Bord, was unnötiger Ballast war.
Er bot an, was angeboten werden sollte.

Wie viele Jahre sind vergangen,
seit der Meister dieses Land der Shintō-Gottheiten verließ?
Dornenbüsche wuchern um die hohen Hallen,
duftende Blumen verwelken im Unkraut.
Abgeschmackte Lieder erfüllen unsere Tage.
Wer wird da vom sonnigen Frühling der Lehre sprechen?
Ah! Ich, ein Bescheidener, habe diese Zeit erlebt.
Wenn ein großes Haus in sich zusammenzufallen droht,
kann ein einzelner Stock dies nicht verhindern.
Unfähig, in dieser klaren Nacht Schlaf zu finden,
wälze ich mich hin und her und singe dieses Lied.

*

Tag für Tag, Tag für Tag und Tag für Tag
still inmitten der Kinderschar – mein Leben.
In den Ärmeln zwei oder drei kleine, verzierte Bälle.
Nutzlos und berauscht ob dieses friedlichen Frühlings.

*

In diesem Dorf,
spielend mit den Kindern,
lasse ich wieder und wieder den kleinen Ball springen.
Möge dieser Frühlingstag niemals verschwinden
in der Abenddämmerung!

*

Die leere Schale

Blauer Himmel, Wintergänse rufen.
Auf einem kahlen Berg stieben Blätter davon.
In der Abenddämmerung strömt Rauch aus den Häusern der Dorfstraße.
Allein, meine leere Schale in der Hand, gehe ich nach Hause.

*

Am Abend der eintausend Gipfel schließe ich meine Augen.
Zahllose Gedanken unter den Menschen – alle belanglos.
In tiefer Gelassenheit sitze ich auf meiner Matte.
Mir gegenüber in der Einsamkeit: ein leeres Fenster.
Das Räucherstäbchen ist abgebrannt, eine dunkle Nacht dauert lang.
Mein Gewand trägt nur eine einzige Schicht inmitten von dichtem Tau.
Ich stehe aus dem Samādhi auf und gehe in den Garten.
Der Mond hat den höchsten Berggipfel überschritten.

*

Lumpen und Flicken, Flicken und Lumpen,
Lumpen und Flicken – mein Leben.
Mein Essen – der Feldwege Gabe.
Meine Hütte – fällt dem Unkraut anheim.
Den Mond betrachtend, summe ich nächtelang.
Hingerissen von Frühlingsblüten, vergesse ich die Heimkehr.
Seit ich das Kloster verlassen habe –
ein lahmer, dummer Esel!

Zehntausend Wipfel vermischen sich mit gefrorenen
  Wolken.
Zehntausend Wege – keine menschliche Spur.
Tag für Tag nur mit dem Gesicht zur Wand.
Bisweilen der Klang von Schneespritzern an meinem Fenster.

*

Herbstabend.
Ein Mönch hört im Stehen
den Grillen zu.
Das ferne Dorf –
versunken unter Nebelschleiern.

*

Wenn in diesem Bergdorf
Ahornblätter fallen,
ist es schwer zu sagen,
ob es ein Regentag oder
kein Regentag ist.

*

Ausatem –
Einatem.
Wisse, dass sie
die Unerschöpfbarkeit
dieser Welt beweisen.

*

Wasser geht nicht,
Mond kommt nicht,
und doch –
wie rein ist ihr
Spiegeln auf den Wellen!

*

Eine Statue des Buddha
in Pari-Nirvāna
und Ryōkan
nebeneinander.
Seite an Seite ihre Kissen.

*

An einem Abend auf Reisen

Die Zeit vergeht, Frühling wird zu Herbst.
Still ist dieser Tempel, überall weißer Tau.
Obgleich Grillen am Fenster mit ihrem Webstuhl rattern –
nicht einmal ein einziger Faden für diesen armen Mönch.

*

Ich übernachte in einem verlassenen Tempel.
Einzig diese Lampe leistet mir Gesellschaft.
Wer wird meine Reisekleidung trocknen?
Singen besänftigt.
Regen hämmert in meinen Ohren.
Ich bleibe wach bis zum Morgengrauen, mein Kissen aufrecht.

*

Ein Spaziergang mit dem Ehrwürdigen Tenge an einem Herbsttag in Izumosaki

Das Leben eines Menschen ist
wie ein Grashalm, der stromabwärts schwimmt.
Wie können wir darauf antworten?
Ich lebe nicht ohne Grund auf diese Weise.
Meinen beringten Stab schwenkend, verließ ich meine Familie.
Damals hatte ich meine Hände erhoben
und winkte der Stadt zum Abschied.
Heute bessere ich fortwährend mein Flickengewand aus.
Wer weiß schon, wie oft diese Bettelschale den Frühling gesehen hat?
Ich mag einfach die Stille dieser Grashütte.
Zwei Seelenverwandte haben sich getroffen.
Wer kann Gastgeber von Gast unterscheiden?
Der Wind weht hoch, die Kiefer ragt eintausend Fuß empor.
Klirrender Frost mit Chrysanthemenblüten.
Mit unseren Händen etwas außerhalb vom blauen Dunst dieser Welt haltend,
vergessen wir alles an diesem stillen, entlegenen Ufer.

*

Ich trug meine Bettelschale und kam zu der Stadt Niigata, wo ich dem Ehrwürdigen Ugan begegnete, der im Haus eines Laienschülers eine Dharma-Rede hielt. Daher schrieb ich ihm folgenden Vers:

Deine Rede ist wie billiges Hundefleisch schneiden
und es als edles Schafsfleisch verkaufen.
Ich stinke genauso wie Du.
Möge meine Freude ob Deiner Gegenwart niemals
schwinden!

*

Am Ende einer Herbstnacht, die ich in den Koju-Hallen verbracht habe, lehne ich an einer Brüstung und betrachte die Morgendämmerung.

Letzte Nacht kam ich in diesem Kloster an.
Ich machte mich frisch, danach eine Verbeugung vor dem
Buddha auf dem blauen Lotos.
Eine Lampe erleuchtete den stillen Raum.
Zahllose Erscheinungen in würdevoller Harmonie.
Nach dem Glockenton der fünften Nachteinheit
versetzt eine Stimme die leise sprudelnde Waldquelle in
Schwingung.
Im Osten hebt die Dämmerung an,
klar und heiter der Himmel nach dem Regen.
Der kalte Herbst im achten und neunten Monat.
Frische Luft poliert Berge und Flüsse.
Der verbleibende Nebel zieht sich im dunklen Tal
zusammen.
Sonnenaufgang über den lasierten Bergrücken.
Ein Schatzturm erhebt sich zum leeren Himmel.
Im Geäst hängt eine goldene Pagode.
Steile Klippen ergießen schäumende Ströme.
Überlappende Wellen berühren den fernen Himmel.

Am Horizont gehen Reisende zum Fährhafen.
Eine Reihe von Booten wetteifert bei der Überfahrt.
Wie neblig das Ufer ist!
Das Grün der Zedern und Zypressen sieht köstlich aus.
Vor langer Zeit schätzte ich das Seltene
und reiste überall hin, um es zu finden.
Dann besuchte ich diesen Ort von
unbeschreiblicher Schönheit.
Wer nahm die Koju-Welt und legte sie vor mir aus?
Ihre zahllosen Gesichter vor Augen,
schreibe ich einen einzelnen Vers.
Ich habe keine andere Wahl, als abzufahren.
Meine lange Heimreise geht mir durch den Kopf.
Unter den Menschen herrscht fortwährendes Auf und Ab.
Wie kann ich meine Rückkehr planen?
Ich wandere ziellos umher und versuche abzureisen,
meinen beringten Stab stets gehbereit.

*

Schneeregen
durchtränkt mein Reisegewand.
Freundliche Frauen
trocknen es von Hand zu Hand.

*

Am zweiten Tag des zwölften Monats erhielt ich von Shukumon Gaben an Süßkartoffeln, Aprikosen und so weiter. Ich antworte mit diesem Gedicht:

Ich stieg den Berg hinauf, um Reisig zu sammeln.
Als ich zurückkehrte, sank die Sonne bereits.
Jemand hatte Aprikosen und Süßkartoffeln
auf mein Fensterbrett gelegt.
Die Aprikosen füllten eine ganze Tüte, die Kartoffeln waren in Stroh eingewickelt.
Da war ein Zettel mit Deinem Namen.
Hier gibt es tagein, tagaus keine Delikatessen.
Dagegen dauernd Grünzeug und Rettich.
Schnell kochte ich sie im Topf und gab Sojabohnenpaste hinzu.
Das Essen fühlte sich für meinen verhungernden Magen an wie lauter Süßes.
Nach drei Schalen war ich endlich satt.
Das einzig Bedauerliche ist, dass Du, der Dichter, keinen Krug Sake vorbeigebracht hast.
Ich behalte zwei Zehntel des Festmahls und verstaue die Reste in meiner Küche.
Meinen Bauch reibend, gehe ich umher und denke andauernd an sie.
Buddhas Erleuchtungzeremonie wird in sechs Tagen beginnen.
Womit soll ich meine Dankbarkeit erweisen?
Für gewöhnlich erhalte ich nur wenige Gaben.
Die meisten aus dem nächsten Tempel oder aus der Stadt.
Die Dinge kosten um den Jahreswechsel zehn Mal so viel wie sonst.
Selbst wenn ich alles ausgäbe, was ich habe, wäre es nicht genug, um den Korb zu füllen.

In diesem Jahr hingegen, dank deines Geschenks, lieber
Freund,
kann ich dem Alten Mann aus Indien eine Gabe
darbringen.
Lass mich schauen, was ich anzubieten hätte:
Aprikosen zum Tee und warme Süßkartoffeln.

*

Meine Hände halten einen Stock aus Kaninchenhorn.
Mein Körper ist in ein Kleid aus Himmelsblumen
gewickelt.
Meine Füße wohnen in Schuhen aus Schildkrötenhaar.
Meine Lippen singen ein Gedicht ohne Klang.

*

Ohne nachzudenken, ziehen Blumen Schmetterlinge an.
Ohne nachzudenken, besuchen Schmetterlinge Blumen.
Blumen erblühen, wenn Schmetterlinge kommen.
Genauso kenne ich Dich nicht so gut.
Auch Du kennst mich kaum.
Ohne einander zu kennen, folgen wir gemeinsam dem Weg.

*

Nachricht vom Tod Yukinoris

Ein Leben, weniger als hundert Jahre alt,
fließt wie ein Boot mitten im Strom.
Wir beide hatten gleiche Voraussetzungen und
Bedingungen.
Wie könnte ich jetzt nicht darüber nachsinnen?

Vor langer Zeit wanderte ich mit ein paar Freunden
an einem engen Flusslauf entlang.
Angeregt unterhielten wir uns über Literatur.
Du und ich studierten in der Schule unseres Meisters.
Seite an Seite gingen wir,
nebeneinander wie zwei Kutschen.
Wir saßen auf der gleichen Strohmatte.
Wind und Wellen trennten uns beide und hielten uns
voneinander fern.
Herausragend warst Du in Deinem Streben nach Ruhm
und Gewinn.
Ich hingegen sehnte mich nach dem Goldenen Zauberer.
Du machtest Dich auf in die östliche Hauptstadt.
Ich blieb in einer westlichen Hafenprovinz.
Die westliche See war nicht meine Heimat.
Wie hätte ich dort lange bleiben können?
Ich zog zurück in mein altes Dorf.
Ich lebte über den Wolken in leichtem Nebel.
Schließlich fand ich eine Hütte aus Grasbündeln
und blieb seither auf dem Gipfel Kūgami.
Unser alter Garten ist nicht mehr das, was er einmal war.
Ob Edle oder gemeines Volk – wir alle verändern uns.
Ich fragte jemanden nach Dir.
Er deutete zum Friedhof oben am Hügel.
Schluchzend brachte ich zunächst kein Wort heraus.
Nach einer Weile strömten die Tränen.
Du warst mein Freund in derselben Schule,
aber nun ruhst Du unter dem Moos der Gelben Quellen.
Wir tauschten freudige Worte aus –
nun ist der eine tot und der andere lebt.

Wie unermesslich sind die Drei Bereiche!
Für wahr: die Sechs Pfade sind schwer zu erklären.
Ich habe Dir von ihnen erzählt und mich auf den Weg
gemacht.
Meinen beringten Stab schwingend, betrachte ich den
Rauch,
der von den Häusern hochsteigt
Kerzengerade säumen Kiefern beide Seiten der Straße.
Tempelgebäude reihen sich hoch in den Wolken
hintereinander.
Weiden schwingen ihre grünen Flaggen.
Pfirsichblüten landen verstreut auf einem silbernen Sattel.
Die Stadt in Festtagslaune.
Die Menschen auf den Straßen kommen und gehen.
Ich betrachte sie, doch kenne niemanden.
Wie kann ich mich nicht vor ihnen verstecken?

*

Ich betrachte mein Leben
nicht als unzureichend.
Drinnen am Reisigtor
scheint ein Mond,
blühen Blumen.

*

Wenn es doch nur
auf dieser Welt jemanden gäbe,
der genauso fühlt.
Wir würden reden. Nächtelang.
In dieser Hütte aus Gras.

Geh vorbei an dem Berg,
wo sich weiße Wolken ranken.
Ich werde Dich
ein Lied von jungem Adlerfarn
lehren.

*

Für Dich,
der Du nur selten kommst:
Möge der frühe Abendsturm nicht
so stark wehen,
obgleich Du bereits angereist bist!

*

Meine Behausung –
Bambusrohre,
Fliegengitter aus Strohgeflecht.
Bitte nötige Dich
zu einem Gläschen Sake.

*

Ich sitze Dir gegenüber, aber Du sprichst nicht.
Auch ohne Worte, reiche Empfindungen.
Buchhüllen verstreut neben dem Bett.
Draußen prasselt Regen auf die Pflaumenblüten vor der Bambuswand.

*

Leb wohl!
Ich breche auf
zu Takuhatsu.
Du bleibst in dieser
geborgten Hütte.

*

Wir versprachen einander
ein Wiedersehen,
wenn der Reis verpflanzt wird.
Nun bläst der Herbstwind
durch seine vergilbenden Blätter.

*

Anlässlich des Todes von Shigenori Yamada, einem Waka-Dichter.

Ist es Traum
oder Wirklichkeit?
Woher soll ich das wissen?
Dich verlassend,
ist mein Kopf ganz ratlos.

*

Obschon ich
von Anfang an wusste:
Nichts auf dieser Welt ist von Dauer,
geht dennoch kein Augenblick vorbei,
an dem meine Ärmel trocken bleiben.

Auf stockdunkler Straße
verlaufe ich mich
tief nachts
beim Betrachten des Monduntergangs
hinter den fernen Bergen.

*

Nach Sonnenuntergang kam eine Brise auf.
Erfrischt begann ich umherzuwandern.
Ein Kind kniete vor mir nieder
und gab mir Dein fünfzeiliges Gedicht.
Es ist lebendig wie Wellen,
sprudelnd wie Quellwasser.
Rasch heilt es meine stillstehende Krankheit.
Ich koste es aus wie einen Zaubertrank.
Räucherwerk darbietend, genieße ich es wieder und wieder.
Fortan trage ich es in meinem Herzen.

*

Ein Halter für Räucherstäbchen bei meinem Kissen.
Wenn die Lampe schwächer wird, gebe ich ein wenig Öl hinzu.
Die Nacht schreitet voran – ein paar mehr Lagen an Kleidung.
Wenn Dir meine schlichte Gastfreundschaft nichts ausmacht:
Bitte komm hin und wieder hereinspaziert.

*

Selbstportrait

Wir kommen zusammen und gehen auseinander,
Kommen und Gehen – Herzen wie wandernde Wolken.
Der Menschen Spuren sind nicht leicht zu finden,
bis auf die Zeichen eines Pinsels mit frostigem Haar.

*

Die Welt verlassend, den Körper verlassend – ein Mensch
des Müßiggangs!
In Gesellschaft von Mond und Blüten verbringe ich mein
restliches Leben.
Regen säubert, Wolken reinigen – mein Geist klart auf.
Herz und Geist sind hellwach wie alle Dinge auf dieser
Welt.

*

Das Haar verwahrlost, die Ohren hervorstehend.
Halb zerrissen das Gewand wie Wolken und Nebelschwaden.
Auf dem Nachhauseweg von der Stadt laufen in der
Abenddämmerung Kinder zusammen.
Kinder von Westen, Kinder von Osten.

*

Mit wenig Verlangen ist alles genug.
Auf einem festsitzenden Kopf bleiben die zehntausend
Dinge begrenzt.
Leichtes Gemüse sättigt meinen Hunger.
Mein Körper steckt in einem Flickengewand.
Alleine gehend, werde ich von Dammwild begleitet.

Laut singend, spiele ich mit den Dorfkindern.
Ich wasche meine Ohren im Flüsschen am Findling,
erfreut von den Kiefern auf einem Bergrücken.

*

Sorglos

Der Rock zu kurz, die Jacke zu lang.
Still und frei gleite ich durch die Zeit.
Kinder auf der Straße bemerken mich,
Hände klatschend, Ballspiel-Lieder singend.

*

Herbstberg,
herabgefallene Ahornblätter.
Wenn die Kinder
um ein Souvenir bitten,
was kann ich ihnen mitgeben?

*

Und wieder spielen die Kinder und ich das Unkraut-Duell.
Wir haben Spaß aneinander, kämpfen mit diesen, kämpfen mit jenen.
Nachdem meine Spielkameraden heimgegangen sind,
überwältigt in der weiten Einsamkeit der Abend-dämmerung
ein strahlender Mond die nackte Herbstnacht.

*

Mit dem Mond spielen an einem Abend im Herbst

Wahrlich, alle Zeiten haben Mondschein-Nächte,
doch die schönsten sind die im Herbst.
Die Berge nie höher, die Wasser nie klarer,
im weiten Blau des hohen Himmels fliegt eine lichte Scheibe.
Im Grunde gibt es kein Licht und auch nicht ein Ding, das es bescheint.
Licht und Ding vergessend – wer spricht?
Der Himmel hoch und höher; der Herbst kühl und kühler.
Ich nehme meinen Stab und wandere über der Berge grüne Pfade.
Nirgendwo ein Hauch vom Staub der Welt.
Nur des Mondlichts glänzende Ströme.
Wer schaut heute Abend auf diesen Mond?
Was ist es, das er beleuchtet?
Er scheint und versiegt, Jahr um Jahr – wie viele Herbste schon?
Den Mond betrachtend, ihm begegnend, es gibt kein Ende.
Predigten am Berge Ryōzen, Fingerzeige im Tale von Sokei – die Lehren so kostbar, unter dem einen Mond.
Weit ist die Nacht vorangerückt, als ich zu singen beginne,
sitzend am Fluss, unter dem einen Mond, dichter Tau bedeckt alles.
Welcher Wanderer hat des Herbstes Herz?
Wer wird den reinsten Mond im stillen Wasser seines Herzens spiegeln?
Sicher wisst ihr alle ob des Mondschauens vor langer Zeit,

als Mazu erkannte, dass Nanquan alleine jenseits der
Formen ging?
Seht ihr ebenso Yaoshan, der beim Schauen des Mondes in
sein berühmtes Lachen ausbrach?
Tief ins Dorf schallte damals sein Ruf von des einsamen
Hügels Höhe.
All dies Geschichten aus alter Zeit für die Übenden des
Weges von heute.
Blickt mit leerem Geist hinauf zum endlosen Wandel des
Mondes.
Auch ich trage in mir eine tiefe Sehnsucht nach dem Alten.
Dem Mond ebenso begegnend, meine Robe weich vom
Tau.

*

Nach einem klaren Tag nehme ich um Mitternacht meinen
Stock
und gehe zum Tor hinaus.
Unter Wisterien und Kuzu –
wie verschlungen dieser Kiesweg ist!
Vögel nisten in den Bäumen und zirpen auf den Ästen,
schwarze Affen heulen nebenan.
In der Ferne erkenne ich die Halle Amitābhas
und steige mit luftigem Schritt bergan.
Alte Kiefernbäume, tausend Fuß hoch.
Frisches Wasser sprudelt aus der Quelle.
Endlos bläst der Wind hier oben.
Ein einsamer Mond segelt im dunklen Blau.
Auf die Brüstung gelehnt,
fliege ich wie ein Kranich über den Wolken.

Späte Periode (1816 – 1826)

entstanden in einer Hütte am Otogō-Shintō-Schrein auf dem Berge Kūgami

Einbruch

Han und Futon sind gestohlen worden.
Ein Dieb kam in die Grashütte, wer wollte es ihm verübeln?
Den Rest der Nacht verbringe ich allein unter dem ruhigen Fenster.
Vereinzelt fällt leiser Regen auf den Bambushain.

*

Meine liebe Bettelschale
ist wunderschön.
Seit ich mein Zuhause verließ,
wohnt sie nun seit vielen Jahren bei mir –
des Morgens auf meinem Unterarm
des Abends in meiner Hand.
Heute habe ich sie irgendwo liegengelassen!
Jetzt weiß ich nicht, wie ich überhaupt stehen
oder sitzen kann.
Mein zerstreuter Kopf sucht ruhelos nach ihr
auf dem Boden, wo die Kröten des Tales kriechen,
in den taubenetzten Feldern,
mit meinen Stock oder ohne ihn,
bis dahin, wo Himmel und Erde zusammenfließen.
Dann kommt jemand und sagt:
»Hier ist Deine Bettelschale.«

Was ist das – ein Mensch?
Eine Nachricht von oben?
Ein Traum in stockdunkler Nacht?

Als ich Veilchen pflückte
am Wegesrand
ließ ich meine Bettelschale
zurück –
genau diese Bettelschale.

*

In meiner Bettelschale
vermenge ich
Veilchen und Löwenzahn,
um sie darzubieten
den Buddhas in den Drei Welten.

*

Meine liebe Bettelschale,
ich habe sie vergessen,
aber keiner hat sie genommen –
keiner würde sie nehmen –
meine arme Bettelschale.

*

Seit ich von Zuhause fort ging,
hängt mein Verbleib an Wolken und Nebel.
Zuweilen lebe ich unter Holzfällern und Fischern,
dann wieder tolle ich mit Kindern umher.
Wie könnte mich der Ruhm von Königen und hohen Herren zufrieden stellen?
Ein Zauberer zu sein ist nicht mein Wunsch.
Wo es genehm ist, dort bleibe ich.
Es muss nicht der Berg Song sein.
Meine Übung Tag für Tag erneuernd,
bin ich entschlossen, mein Leben federleicht zu vollenden.

*

Bevor Du dem Weg lauschst, vergiss nicht, Deine Ohren zu putzen.
Sonst ist es unmöglich, genau hinzuhören.
Was bedeutet: Ohren putzen?
Nicht an Deinem Standpunkt festhalten.
Wenn Du auch nur ein wenig an ihm klebst,
wirst Du vom Weg abkommen.
Was Dir ähnlich ist, aber falsch, hältst Du für richtig.
Was verschieden von Dir ist, aber richtig, hältst Du für falsch.
Richtig und falsch sind von Anfang an in Dir.
Der Weg aber ist nicht so.
Verstehe: Der Versuch, den Meeresgrund mit einem Stab zu berühren,
ist nichts als ein Ausdruck größter Dummheit.

*

Wie kann ich
mit dem wahren Weg
in Einklang leben
für einen einzigen Tag nur
in eintausend Jahren?

*

Ein guter alter Stock von unbekanntem Alter.
Hart wie Stahl von den Drei Bergen,
gerade wie die Saite einer Harfe.
Bei der Überfahrt berührt er den Boden.
Beim Bergsteigen erreicht er stets den Gipfel.
Als ich ihn heute Morgen die Stufen hinunterwerfe,
verwandelt er sich in einen Drachen, der im wolkigen
Himmel entschwindet.

*

An einem stillen Abend in meiner Grashütte
spiele ich allein auf meiner Harfe ohne Saiten.
Ihre Melodie weht zu Wind und Wolken und verklingt.
Ihr Klang vermischt sich mit dem fließenden Strom,
erfüllt das dunkle Tal,
bläst durch den weiten Wald.
Bis auf jene, die den Ton der Leere hören,
wer kann diesen seltenen Klang vernehmen?

*

Für einen Blumendieb

Du hast einen Blick auf die Pflaumenblüten erhascht,
als hättest Du den silbernen Mond gesehen
an einem Tempel
hinter dem zerklüfteten Felshang.
Und es kommt in Dir der sehnliche Wunsch auf,
den gesamten Baum auszugraben
und mit nach Hause zu nehmen.

Es war an einem neblig vor sich hintreibenden,
langen Frühlingstag.
Du kannst einfach nicht aufhören,
ständig daran zu denken.

Als die Abenddämmerung sich neigt,
machst Du Dich auf,
hinaus aus Deinem kleinen Dorf voller Enten,
quer über das große Feld mit dem Stielblütengras,
vorbei am vogelzwitschernden Ufer,
hinauf zu dem zerklüfteten Berg mit seinen kerzengeraden
Bäumen.

Du nimmst einen holprigen Pfad und triffst leise an
Deinem Ziel ein.
Als Du am Zaun stehst, sieht Dich jemand und ruft:
»Dieb!«
Die Tempelbewohner schlagen ihre Glocken, laut wie ein
Bergsturm
als wollten sie versuchen,

dick mit Tau benetzten Bambus herunterzudrücken.
Sie rufen einander zu und umringen Dich,
ohne Dir eine Fluchtmöglichkeit zu lassen.
So kam es, dass man Dich einen Blumendieb nannte.
Viele Jahre sind seither ins Land gezogen.
Ich frage mich, ob Du in diesem Monat der Blütenschau
über Deinen langen Bart streichst
in der niedrigen Schilfdachhütte
hoch oben auf einem kleinen Berg.

Jahre
wie kostbare Juwelen –
zerronnen.
Der Blumendieb –
Vergangenheit.

*

Dies und das,
wie können wir reden,
ohne zu wissen:
Die gesamte Welt spiegelt sich
in einem einzigen Juwel?

*

Warte auf das Licht
des aufgehenden Mondes –
dann geh dahin,
wo stachelige Kastanienschalen
verstreut auf einem Bergpfad liegen.

Ich stehe auf und halte Ausschau.
Setze mich wieder.
Halte Ausschau.
Warte auf Dich.
Du hattest versprochen zu kommen,
die Ahornblätter an meiner Hütte betrachten.
Abend für Abend regnet es.
Morgen für Morgen friert es.
Wenn Wind aufkommt,
werden die Ahornblätter verwehen.
Wenn sie herabfallen, was soll ich tun?
Von Ahornblättern, die niemals fallen,
hat in der alten Welt der göttlichen Wesen noch niemand
gehört.
Ich denke nach:
Alles, was mir zu tun bleibt –
einen Ahornast abbrechen.

*

Im Schatten der Berge
wasserdurchzogenes Moos,
Rinnsale zwischen den Felsen.
Langsam werde ich
ein wenig klarer.

*

In der Stadt
Klänge von Flöten und Trommeln.
Aber auf diesem hohen Berg
nur das Knistern von Kiefernnadeln.

Ahornblätter
verblichen
an einer Seite meines Gartens –
der Frost ist gekommen.
Auf wen warten sie?

*

Ich werde Wasser holen,
Holz hacken
und Gräser pflücken
während einer morgendlichen
Regenpause im Herbst.

*

Heute
werde auch ich mich
zu den Kirschblüten-Betrachtern gesellen
auf einem Berg
im Frühling.

*

Meine Behausung
in winterlicher Abgeschiedenheit
auf diesem weißen Berg in Echigo.
Keine Spur von Menschen,
die kommen oder gehen.

*

In Wirklichkeit
wie auch im Traum
erwarte ich keinen Besucher,
aber wer immer wieder anklopft,
ist das hohe Alter.

*

Der Weg
im Schnee versteckt,
unsichtbar,
aber der Gedanke an Dich
führt mich.

*

Wie kann ich nur
meinen Lebensunterhalt verdienen?
Bislang
ist dieser Winter einfach
grausam gewesen.

*

Selbst in einem Frühling, geschwungen wie ein Catalpa-Bogen,
hat der Kuckuck noch nicht gerufen.
Ich gehe nicht ins Feld hinaus, um junge Kräuter zu suchen.
Nichts tuend, bleibe ich in meiner Grashütte
und zähle die Tage.
Die zweite Monatsmitte ist
bereits zur Hälfte vergangen.

Nichts Besonderes –
mein Herz in Aufruhr
schlaflos
beim Gedanken an morgen:
Neujahr.

*

Schnee fällt,
vom Winde verweht.
Wind bläst,
mit Schnee vermengt.

*

Ich sehe es am Mond –
der Frühling
hat seinen Zenit überschritten
und ich habe noch immer keine jungen Kräuter
in den Feldern gepflückt.

*

Fallende Blüten.
Verbleibende Blüten sind ebenso
fallende Blüten.

*

Ein Kuckuck
hüpft klagend
hinter dichtem Blattwerk.
Sieht er die Welt
wirklich so traurig?

Nach langer Krankheit im späten Frühjahr

Die Grashütte fest verschlossen, westlich des
Steinwäldchens.
In der Einsamkeit blickt nur ein Kissen zum Hügel hin.
Nach langer Krankheit lehne ich mich auf einen Stock und
stehe am Fluss.
Zahllose Pfirsichblüten fließen stromabwärts.
Sie sagen:
Der Kuckuck
ruft wieder,
aber ich kann sein Lied
nicht mehr hören.

*

Leichtes Wohlgefühl beim Herannahen des Herbstes

Noch hier –
wie ein Tautropfen auf einem Grashalm
am Wegesrand,
bin ich noch immer in dieser fließenden Welt.
Mond am Morgen.

*

Hätte ich gewusst,
wie leidend diese Welt ist,
ich wäre Gras geworden
oder Bäume
tief in den Bergen!

Ich kenne andere Länder nicht,
aber hier gibt es
einen schreckenerregenden Geist
namens Imo,
der alle sieben Jahre kommt
und kleine Kinder foltert.
Dieses Jahr ist es
ganz besonders schlimm.
Eltern, die ihre Kinder verloren haben,
sind in Angst und Trauer.
Wenn wir die Anzahl
an Särgen abzählen müssten,
die zum Krematorium geschickt werden,
wären unsere Daumen bald erschöpft.
Die wenigen, die überleben,
sind mit teufelsgleichen Gesichtern gezeichnet.
Kürzlich sandten mir Eltern
eine Gabe für die Beerdigung ihres kleinen Jungen,
die ich unlängst abgehalten hatte.
Mir wurde gesagt, dass ihr Jüngstes
vorgestern an der gleichen Krankheit verstorben sei.
Daher schickte ich ihnen folgendes Gedicht:

Rauch entschwindet
zum Himmel.
Des Kindes Antlitz –
die einzig
verbliebene Erinnerung.

*

An jenem Abend sang ich das Lotos-Sutra, widmete es allen verstorbenen Kindern und bat Amitābha Buddha um sein Geleit ins Paradies.

Bitte leite
alle gefallenen Kinder
bekannt
unbekannt
zu Buddhas
Dharma-Lotos
Blütensitz.

*

Für ein Elternteil, das ein Kind verloren hat

Anderer Menschen Kinder
beim Spiel zusehend,
stehe ich im Garten
und vergieße
Tränen ohne Ende.

*

Wenn ich sterbe
aus unerträglichem Kummer,
werde ich vielleicht meinem Kind begegnen
auf seiner Weiterreise in eine andere Welt.

*

Für ein fürsorgliches Elternteil

Ich streichelte fortwährend ihren Kopf,
habe sie auf meinem Rücken getragen,
ich badete sie und gab ihr zu Essen.
Heute sende ich sie hinaus
auf ein verwelktes Feld.

*

Bis wann
soll ich trauern?
Wie auch immer ich trauere –
kein Ende –
mein Kopf ganz verloren.

Letzte Periode (1826 – 1831)

aus einer Hütte im Hinterhof
der Kimura-Familie in Shimazaki

Geschrieben an einem verschneiten Abend in meiner Hütte

Nachsinnend über siebzig Jahre,
bin ich müde, menschliches Richtig und Falsch zu werten.
Nächtlicher Schnee verwischt die Spuren der Spaziergänger.
Ein glimmendes Räucherstäbchen unter einem alten Fenster.

*

Vorbereitungen für Neujahr

Die Menschen bereiten
aufwändige Gaben für den Buddha vor.
In meiner Hütte
biete ich
einen gemalten Reiskuchen an.

*

Um den zehnten des zweiten Monats besuchte ich den Fuß des Berges Maki, wo Arinori lange lebte. Beim Betrachten des verlassenen Pflaumenbaumes dachte ich über unsere Freundschaft nach.

In der Vergangenheit
fingen wir herabfallende Pflaumenblüten
in Sake-Bechern auf.
Nun fallen sie umsonst herab.

Lärmenden Kindern
fehlt das Geschick,
die ersten Glühwürmchen zu fangen.

*

Mit kräftigem Schlag
strebt ein Boot voll frisch geerntetem Reis
dem silbrigen Halbmond entgegen.

*

Ein Windspiel
drei oder vier Fuß weiter
ein Bambushain.

*

Niemand zu Hause
herabgefallene Kiefernnadeln
verstreut vor der Tür.

*

Auch heute
schleiche ich mich wieder in Deinen Garten,
um Apfelbeeren zu kosten.
(Bitte versteck Dich,
bis ich verschwinde!)

*

Der Mädchen Hände –
erschöpft vom Reisverpflanzen
in einem Bergfeld.
Traurig
selbst ihr Gesang.

*

Wenn jemand fragt,
wo ich lebe,
sag einfach:
Am weitesten Ende
des himmlischen Flussufers.

*

Melone

Ich löffle und esse
rupfe und esse
breche und esse
und danach
behalte ich sie um meinen Mund.

*

Die Hoden der Persimmonenpflücker
sehen ganz verfroren aus
oben im Herbstwind.

*

Hut im Himmel
Sandalen verloren
Regenmantel aus Stroh – davon.
Mein Körper –
das einzige Andenken.

*

Auf dem Weg zu Nachbars Badehaus
klappernde Holzsandalen
Wintermond.

*

Meine Hand
des Fächelns müde
wohin damit?

*

Eine Sommernacht
wird zu Morgengrauen.
Ich zähle Flöhe.

*

Tintenverfärbt
die Ärmel meiner Robe –
wenn sie nur weit genug wären,
um Schutz zu geben
den Menschen in Armut.

*

Buschklee,
Pampasgras,
Veilchen, Löwenzahn,
Blüten von Seidensträuchern,
Bananenstauden, Prunkwinden,
Wasserhanf,
Astern, Tradescantien,
Taglilien
habe ich in meinem Garten gepflanzt.
Ich umhegte sie mit großer Fürsorge,
habe sie stets gegossen,
morgens und abends vor der Sonne geschützt.
Die Menschen haben sie geliebt
und ich ebenso.
Dann rauschte am Abend des fünfundzwanzigsten Tages
im fünften Monat ein schwerer Sturm heran.
Starker Regen prasselte auf meine Pflanzen
und sie wurden in Hunderte und Tausende
von kleinen Stücken zerrissen.
Ich wurde ganz traurig,
konnte aber niemandem die Schuld geben.

Einhundert Gräser
an meiner Hütte
gepflanzt,
allesamt ausgesetzt
dem Willen der Winde.

*

Purpurrot
die sieben Schätze.
Mit beiden Händen halte ich
Granatäpfel hoch –
ein Geschenk.

*

Komm wieder,
wenn es Dir nichts ausmacht.
Bahne Dir einen Weg
durch taubedeckte Blüten im Chinaschilf
zu dieser Hütte hier aus Zweigen.

*

Wie hast Du Dich
hoch gewunden
auf meinem Traumpfad
durch solch tiefen Schnee
auf diesen nächtlichen Berg?

*

Nun auf, Kinder!
Lasst uns zum Berg gehen,
um die Veilchen zu betrachten.
Was können wir tun,
wenn sie morgen verwehen?

*

Nun sing!
Ich werde aufstehen und tanzen.
Wie kann ich schlafen
mit dem ewig verweilenden Mond heute Abend?

*

Mit einem Handtuch
verberge ich mein Alter
beim Bon-Tanz.

*

Wenn mein Leben immer noch heil ist,
werde ich diese schattige Hütte unter dem Baum belegen –
im kommenden Sommer.

*

An Yūshi geschrieben und versendet

In dieser Grashütte
stehend oder sitzend,
gibt es kein Entrinnen
von dem Gedanken,
Dich dieser Tage gar nicht gesehen zu haben.

*

Dich heute sehend
mein Lieber
macht mich ganz trunken.
Was sollte ich in dieser Welt zum Abschied
bedauern?

Der gebogene Körper eines alten Mannes –
wie ein schneebeladener Bambusstängel
in der Kälte begraben.

*

Wenn ich sage,
es sei leicht,
doch mein krampfender Bauch
ist wahrlich schwer zu ertragen.

*

Mutter und Vater,
seid bitte
im Paradies,
falls ich mich heute
zu Euch geselle.

*

Wenn Du
dem ursprünglichen Gelübde
Amitābha Buddhas folgst,
wirst Du nicht länger
an Kreuzungen verloren gehen.

*

Da mein Herz und meine Worte
nicht sehr weit reichten,
sang ich auf einmal
den Namen Buddhas.

Welches Vermächtnis
soll ich zurücklassen?
Blumen im Frühling.
Kuckuck im Sommer.
Ahornblätter im Herbst.

*

Wenn Menschen nach
Ryōkans Todesgedicht fragen,
sag ihnen,
es war:
»Widmung an Amitābha Buddha.«

*

Leb wohl –
lass mich jetzt
auf ein Lotosblatt hüpfen,
dass du denkst,
ich sei ein Frosch!

Anekdoten

Mitten im Sommer verkündete Ryōkan:

»Ich werde die gesamten buddhistischen Schriften vor meiner Hütte trocknen. Bitte kommt und schaut euch das an.«

Die Dorfbewohner brachen neugierig nach Gogō-an auf, aber es lagen dort nirgendwo Schriften in der Sonne.

Nur Ryōkan lag da, splitternackt.

Auf seinem kugeligen Bauch standen die Worte: »Gesammelte Werke.«

Die Dorfbewohner verstanden überhaupt nichts und machten sich völlig entgeistert auf den Heimweg.

*

Ryōkan rauchte für sein Leben gerne. Leider verlor er fortwährend die Tabakdosen, die ihm geschenkt wurden. Einer seiner Freunde versuchte, ihm zu helfen, und befestigte Ryōkans Tabakdose mit einer langen Binde an dessen Obi.

Eines Tages sagte eine alte Frau zu Ryōkan: »Möchtest Du etwas Tabak?«

Ryōkan sagte: »Meiner folgt mir.«

Die alte Frau verstand seine Worte nicht und blickte sich um.

Ryōkan hatte die Dose an der Binde befestigt und den ganzen Weg lang hinter sich hergezogen.

*

Jemand sagte: «Es ist aufregend, Geld auf der Straße zu finden.« Dies hörend, warf Ryōkan einige seiner Münzen auf die Straße und hob sie auf. Er fand das aber gar nicht aufregend.

In der Annahme, dass der Mann ihn hintergangen hatte, warf Ryōkan noch einige Male Münzen auf die Straße. Dabei vergaß er jedoch, wohin er sie geworfen hatte, und suchte überall danach. Schließlich fand er sie alle wieder, war überglücklich und sagte: »Dieser Mann hat mich nicht betrogen.«

*

Ryōkan vergnügte sich manchmal mit dem Ballspiel *Go* und spielte um Geld. Die meisten seiner Gegner ließen ihn gewinnen. Dann sagte er: »Jetzt habe ich so viel Geld. Ich weiß gar nicht, wohin damit.«

Oder er meinte: »Die Menschen sorgen sich immer, weil sie meinen, zu wenig Geld zu besitzen. Ich leide darunter, zu viel davon zu haben.«

*

Einst lud man Ryōkan zu einer Tee-Zeremonie ein. Es wurde dicker, grüner Tee serviert, bei dem sich mehrere Gäste eine einzige Schale teilten. Ryōkan war gerade dabei, den Tee vollkommen auszutrinken, als er bemerkte, dass andere Gäste noch warteten. Er spuckte etwas Tee aus seinem Mund zurück in die Schale und gab sie an seinen Nachbarn weiter.

Da dieser keine andere Wahl hatte, trank er daraus und sang: »Ehre dem Amitābha Buddha.«

Vielleicht war es dieselbe Teezeremonie, in der Ryōkan einen Popel aus einem seiner Nasenlöcher entfernte und diesen etwas ungeschickt in seinem rechten Ärmel verschwinden lassen wollte. Der Gast rechts neben ihm zupfte Ryōkan am Ärmel und bedeutete ihm, so etwas zu unterlassen. Ryōkan versuchte es dann mit seinem anderen Ärmel, worauf sein Nachbar zur Linken ihm bedeutete, dies nicht zu tun. Da er keinen anderen Platz für seinen Popel fand, stopfte Ryōkan selbigen kurzerhand wieder zurück in die Nase.

*

Als Ryōkan in seiner Hütte auf dem Berg Kūgami lebte, spross ein Bambus hinauf bis an sein Toilettendach. Ryōkan zündete eine Kerze an, um für den Bambus eine Öffnung zu schaffen. Aber das Feuer breitete sich aus und die gesamte Toilette brannte nieder.

*

An schönen Tagen sammelte Ryōkan oft Läuse, die in seiner Kleidung steckten, um sie ans Licht zu bringen. Dann kamen meist Dutzende von Läusen zum Vorschein, die auf seinen Papieren herumkrabbelten und sich in der Sonne badeten.

In der Abenddämmerung sammelte er sie wieder ein und steckte sie alle in seinen Ärmel zurück.

*

Eines Nachts drang ein Dieb in seine Hütte Gogo-an auf dem Berg Kūgami. Da er nichts anderes fand, versuchte er die Matte, auf der Ryōkan schlief, unter diesem wegzuziehen. Ryōkan rollte sich zur Seite und erlaubte so dem Dieb, diese mitzunehmen.

*

Der mit Ryōkan befreundete Bundai Suzuki kam eines Tages zu Besuch. Ryōkan wollte ihm ein Mittagessen anbieten, hatte aber weder eine extra Schale noch ein zweites Paar Stäbchen für seinen Gast. Daraufhin machte er sich zum Krematorium auf und brachte Schalen mit nach Hause, die den Verstorbenen dargebracht worden waren. Er servierte seinem Freund darin Reis und Suppe. Bundai war darob entsetzt, aber Ryōkan beendete das Mahl, als ob nichts gewesen wäre.

*

An einem Herbstabend schlenderte Ryōkan auf einem Spaziergang durch ein Kartoffelfeld. In der Annahme, es handle sich um einen Kartoffeldieb, überraschte ihn der Bauer und gab ihm einen Schlag auf den Kopf. Er fesselte ihn und band ihn an eine Kiefer.

Ryōkan sagte daraufhin: »Ich bin's. Ich wollte deine Kartoffeln nicht stehlen.«

Der Bauer erkannte seine Stimme, ließ ihn sofort frei und entschuldigte sich vielmals.

Ryōkan machte sich singend davon:

Der Schlagende
und der Geschlagene
beide gleich:
ein Tautropfen, ein Blitz.
Verstehe es auf diese Weise.

*

Als Ryōkan einen Mann in Kariwa besuchte, sagte dieser: »Ich strebe nicht mehr nach Landbesitz oder größerem Ansehen. Es gibt nichts mehr, was mir das Gefühl mangelnder Erfüllung vermitteln könnte. Nur eines. Dies eine geht mir ganz und gar gegen den Strich.«

»Was ist es?«, fragte Ryōkan.

»Ich möchte leben, bis ich einhundert Jahre alt werde. Aber ich glaube nicht, dass dies erreicht werden kann«, sagte der Mann zutiefst enttäuscht.

»Oh, das ist leicht«, meinte Ryōkan lächelnd. »Wenn du dir vorstellst, dass du einhundert Jahre lang gelebt hättest, bist du bereits einhundert Jahre alt.«

*

Einmal passierte Ryōkan auf einem Pferd den Kirigamine-Gipfel; geführt wurde es von einem anderen Reiter. Nachdem Ryōkan abgestiegen war, sagte der Mann: »Das macht sechzehn Mon.«

Ryōkan hatte aber nur einen Mon in der Tasche. Daher entschuldigte er sich und sagte: »Mein Name ist Ryōkan. Ich habe heute kein Geld dabei. Als Ersatz für die sechzehn Mon darfst du mich sechzehn Mal schlagen.«

Da erkannte der Mann Ryōkan, lehnte aber ab, ihn zu schlagen.

Er sagte: »Dann gebt mir eine Kalligraphie für den Transport.«

Er nahm Ryōkan mit zu sich nach Hause und brachte ihn dazu, ihm ein Gedicht zu schreiben.

*

Jemand schickte Ryōkan einen Stapel Papier und bat ihn: »Bitte schreibt darauf, was Ihr am liebsten habt.«

Ryōkan malte auf jedes Blatt eine rote Paprika und sagte: »Die hab ich am allerliebsten.«

*

Ryōkan kam auf seinem Bettelgang zu einem Haus in der Nähe des Dorfes Sono.

Der Hausherr ersann eine List, um an eine von Ryōkans Kalligraphien zu gelangen.

Während er ihm ein Mittagessen anbot, legte er Pinsel und Papier neben das Tablett und sagte: »Priester Ryōkan, die Leute sagen, Eure Kalligraphien würden schlechter und schlechter. Hier, damit könnt Ihr etwas üben.«

Ryōkan hörte ihm wortlos zu.

Nach dem Essen nahm er den Pinsel und schrieb: »Arznei ist bitter. Zucker ist süß.«

*

Um seiner chronischen Vergesslichkeit vorzubeugen, schrieb Ryōkan »meins« oder »wirklich meins« auf seinen Strohhut oder andere seiner Habseligkeiten.

Im Haus der Familie Kera befindet sich ein Buch mit dem Titel *Tagebuch der Traumspiele* von Chomei Kamo. Sein Einband trägt die Worte: »Wirklich meins«.

*

Eines Tages lieh sich Ryōkan eine Kopie des alten buddhistischen Kommentars *Abhidharma Kosha* aus dem Man'en Tempel in Izumozaki aus.

Er gab sie mit einigen Blöcken Tōfu und dem folgenden Gedicht zurück:

Gänse und Enten
sind davongezogen und
haben mich verlassen.
Wie froh ich doch bin,
dass Tōfu keine Flügel hat!

*

Eines Tages nahm Ryōkan einen Chrysanthemenstängel aus einem Garten in der Stadt Yamada. Der Besitzer sah ihn, malte Ryōkan als Blumendieb und sagte zu ihm: »Nur wenn du auf dieses Bild ein Gedicht schreibst, werde ich dir vergeben.«

Ryōkan nahm einen Pinsel und schrieb:

Die Figur
des Mönches Ryōkan,
die an diesem Morgen
mit einer Blume davonrannte,
wird vielleicht Generationen überdauern.

*

Der Graf Tadakiyo Makino, wollte Ryōkan in seiner Hütte besuchen. Als die Dorfbewohner davon hörten, eilten sie in Ryōkans Abwesenheit zu seiner Hütte, machten sauber und jäteten Unkraut. Bei seiner Rückkehr sah Ryōkan den wunderschön hergerichteten Garten, seufzte tief und sagte: »Da ihr das ganze Unkraut weggenommen habt, sind die Insekten, die bis letzte Nacht so wunderbar gesungen haben, vielleicht weggezogen und werden fortan hier nicht mehr singen.«

Kurz darauf traf der Graf ein. Ryōkan sagte kein einziges Wort.

Als Antwort auf des Grafen großzügige Einladung in dessen Schloss schrieb Ryōkan folgendes Gedicht:

Je häufiger du
herabfallende Blätter verbrennst,
desto mehr wird der Wind sie herbeibringen.

Der Graf bat Ryōkan, gut auf sich aufzupassen.

*

Eines Tages besuchte Ryōkan Hikoemon Hoshi aus Takenomori. Nach dem Abendessen gingen beide hinüber zum Nachbarn, um ein Bad zu nehmen. Nach ihrer Rückkehr nahm Ryōkan den Stock, der am Eingang stand und wollte aufbrechen.

Hikoemons Kind sah dies und sagte: »Priester Ryōkan, dies ist unser Stock.«

Ryōkan sagte: »Nein, es ist meiner.« Und er ging damit fort.

Nach einiger Zeit kam er zurück und sagte: »Ich habe den falschen Stock mitgenommen.« Sogleich wollte er sich wieder auf den Weg machen.

Die Hausbewohner baten ihn: »Priester Ryōkan, es ist schon spät in der Nacht. Bitte bleibt bei uns. Und bitte schreibt uns etwas.«

Aber sie hatten kein Papier.

Daraufhin ging Hikoemon zum Dorfältesten, um etwas Papier zu borgen. Ryōkan schaute sich im Hause um und fand ein altes Buch, in dem die Spenden für Beerdigungen notiert waren.

Er nahm es, schrieb dieses Gedicht hinein und verschwand:

Wem kann ich berichten
von der Erbärmlichkeit
dieses alten Körpers,
der im Dunkeln nach Hause geht
und seinen Stock zurücklässt?

*

Hosai Shimada, ein berühmter konfuzianischer Schriftgelehrter und Kalligraph, weilte in der Provinz Echigo und hielt Vorträge über Konfuzius' *Lun Yu*.

Unter den Zuhörern schüttelte sich jemand vor Lachen aus. Als Hosai aufblickte, erkannte er Ryōkan.

Bei einer anderen Gelegenheit hielt Hosai Vorträge über einen anderen konfuzianischen Text, kritisierte Shākyamuni Buddha und benutzte hierbei buddhistische Fachausdrücke.

In jener Nacht hörte er, wie jemand am Kopfende seinen Namen rief. Ein Mönch stand dort und sagte: »Das Buddha-Dharma, von dem du sprichst, ist faul. Es wird Zeit, dass du aufhörst, die Leute zu verwirren.«

Hosai erkannte Ryōkan.

*

Ein paar Jahre später, Hosai war inzwischen nach Edo zurückgekehrt, stattete Ryōkan ihm erneut einen Besuch ab. Beim Anblick seiner schmutzigen Robe und seines zerrissenen Hutes beschimpften ihn Hosais Schüler und vertrieben ihn.

Hosai hörte nach seinem Vortrag davon und sagte: »Das muss der Zen-Meister Ryōkan sein, ein großer Mönch aus Echigo. Schnell, bringt ihn zurück!«

Die Schüler liefen Ryōkan nach, entschuldigten sich für ihre Grobheit und baten ihn inständig zurückzukehren.

Ryōkan sagte nur: »Gut, gut.« Und ging seines Weges.

*

Ryōkan hatte großen Respekt vor der Landwirtschaft. Zur Saat- und Erntezeit dachte er über all die Mühen der Bauern nach, um ein einziges Reiskorn in viele zu verwandeln.

Er malte die Bauern bei der Arbeit, hängte Bilder von ihnen in seiner Hütte auf, zündete Räucherstäbchen an und stellte Blumen auf.

Eines seiner Waka-Gedichte lautet:

Dieser Tage werden
Reiskörner versetzt.
In meiner Hütte
male ich die Bauern
und verbeuge mich mit meinen Gaben.

*

Der Berg Kūgami, auf dem Ryōkan wohnte, gehörte zur Region Murakami und stand unter der Herrschaft des Grafen Naitō. Dieser liebte die Jagd und betrieb sie ungeachtet der Schwierigkeiten, die er dadurch den Bauern bereitete. Eines Tages, als Ryōkan den Berg herunterkam, waren die Dorfbewohner emsig damit beschäftigt, die Straße zu reinigen. Er fragte nach dem Grund, und einer der Bauern flüsterte: »Unser Graf will zur Jagd gehen. Wir haben eigentlich keine Zeit, denn die Ernte hat begonnen, aber es ist ein Befehl, daran können wir nichts ändern.«

Ryōkan sagte: »Na denn. Lasst mich versuchen, dieser Jägerei ein Ende zu bereiten.«

Dann bat er die Bauern, ihm ein Schild zu bauen.

Ryōkan schrieb folgendes Gedicht darauf:

An einem kurzen Tag
keine Zeit
zum Trocknen der Reisbündel.
Bedenke dies
auf der Pirsch
durchs Erntefeld.

Bald darauf kam der Graf in seiner Sänfte vorbei und las das Gedicht. Er befahl seinem Gefolge umzukehren und ließ sich von dannen tragen.

Fortan gab es keine Jagden mehr.

Teil drei

Gedichtformen

Ryōkan schrieb seine Gedichte in drei Genres: Haiku, Waka und Kanshi.

Die komplette Sammlung seiner Gedichte wurde von Toshirō Tanikawa zusammengetragen. Sie umfasst drei Bände von 107 Haiku, 1350 Waka und 483 Kanshi.

Das Haiku stellt die kürzeste japanische Gedichtform dar, die durch Matsuo Bashō (1644–1694) maßgeblich beeinflusst wurde, der einhundert Jahre vor Ryōkan lebte. Ein Haiku besteht aus siebzehn Silben, die in drei Zeilen von jeweils fünf, sieben und fünf Silben angeordnet sind.

Ein Waka ist eine alte japanische Gedichtform, die kurze Gedichte namens Tanka und längere Gedichte namens Chōka beinhaltet. Ein Tanka, die häufigere Form eines Waka, besteht aus einunddreißig Silben: fünf, sieben, fünf, sieben, sieben. Ein Chōka besteht aus einer wiederholten Abfolge von Paaren aus fünf und sieben Silben und endet mit einem Paar aus sieben und sieben Silben. Es wird häufig von einem Einleitungs-Tanka begleitet, das man als Hanka bezeichnet.

Ein Kanshi ist ein Gedicht im chinesischen Stil, welches in chinesischen Schriftzeichen geschrieben wird, die japanisch ausgesprochen werden. Die Schriftzeichen sind – im Gegensatz zu ihrer Aussprache – in den ostasiatischen Ländern China, Korea und Japan identisch.

Im Japanischen werden Wörter ohne Leerzeichen aneinandergereiht und am Zeilen- oder Spaltenende in beliebiger Form und ohne Bindestrich getrennt. Die Zeichen werden, anders als in den romanischen Sprachen, bei denen ein «i« weniger Platz einnimmt als ein «m«, als gedachte Quadrate von gleichbleibender Größe geschrieben.

Im traditionellen Japanisch wird von oben nach unten geschrieben; die Spalten werden von rechts nach links aneinander gereiht.

Die japanische Poesie kennt drei verschiedene Arten des Ausdrucks: das Gedicht an sich, die Schriftwahl der einzelnen Zeichen und die Ästhetik der Kalligraphie, einschließlich der räumlichen Anordnung der vertikalen Spalten untereinander.

Die altjapanische und die altchinesische Sprache sind völlig unterschiedlich – es gibt weder in der Grammatik noch bei einzelnen Wörtern Gemeinsamkeiten. Etwa im fünften Jahrhundert kam die Schrift in Form chinesischer Schriftzeichen nach Japan. Ursprünglich wurde das Japanische in reinem Chinesisch aufgezeichnet, dem sogenannten Kanbun.

Die Schriftzeichen, oftmals auch als Logogramme bezeichnet, haben eine je eigene, in drei Gruppen aufteilte Bedeutung:

- Das Piktogramm, in Anlehnung an eine schematische Zeichnung, oft aus der Natur, bezeichnet einen konkreten Gegenstand.
- Das Ideogramm benennt einen Bedeutungsinhalt.
- Das Phonogramm orientiert sich an dem gesprochenen Laut.

Die Kanji können in drei Arten geschrieben werden:

- in formaler Schrift,
- in kursiver Schrift,
- in semi-kursiver Schrift.

Viele Kanji können unterschiedlich gelesen werden. Hierbei unterscheidet man das *on-yomi* (Klang-Lesung) und das *kun-yomi* (Begriff-Lesung).

Die Klang-Lesung wird auch als die sino-japanische Lesung bezeichnet. Es ist eine aus dem Chinesischen abgeleitete, an das japanische Lautsystem adaptierte Lesart.

Als *kun-yomi* bezeichnet man die rein japanische Lesung, die auf einem aus dem Altjapanischen stammendem Wort beruht.

Die phonetischen Bestandteile des Japanischen können auch in Kana abgebildet werden. Dabei handelt es sich um eine Schrift, in der jedes «Zeichen«, für einen Vokal oder Konsonanten oder eine Vokal-Konsonant-Kombination steht. Ebenfalls möglich ist sie als Lautschrift, welche die chinesischen Schriftzeichen auf ihren Lautwert reduziert. Um 760 erschien der erste Sammelband japanischer Dichtkunst *(Manyōshū)*, deren Schreibart wurde als Manyōgana bezeichnet. Hierbei werden verschiedene Schriftzeichen oft durch ein und denselben Klang wiedergegeben.

Bashō, Buson und Issa benutzten eine Mischung aus Ideogrammen, Manyōgana und Standard-Kana.

Ryōkan verwendete für seine Haiku- und Waka-Gedichte oft ausschließlich Manyōgana. Diese Zeichen haben für gewöhnlich mehr Pinselstriche als die normale Lautschrift. Manyōgana ist eine sehr alte, ausgesprochen verfeinerte und mit akribischer Sorgfalt ausgearbeitete Schrift, die von den Lesern verlangt, sie einem Rätsel gleich zu entziffern. Darüber hinaus ist Ryōkans Kalligraphie in oft extrem kursiver Schrift verfasst, was die Decodierung noch zusätzlich erschwert.

Wenn Haiku oder Tanka kalligraphisch geschrieben werden, so

werden sie meistens in Spaltenform abgebildet. Beim Übersetzen in eine andere Sprache ist es hingegen hilfreich, diese in den oben erwähnten Gruppen von drei Zeilen – beim Tanka fünf – wiederzugeben, um die ursprünglichen Abschnitte zu kennzeichnen.

Im Japanischen sind diese selbsterklärend und der Künstler hat daher die Freiheit, die Spalten zu verändern. Dies bewirkt eine Spannung zwischen den einzelnen Abschnitten im Gedicht und ihrem visuellem Korrelat.

Hier ein Beispiel in Form eines Haiku:

Sag mir die Neuigkeiten
von Sumeru
Abendgänse.

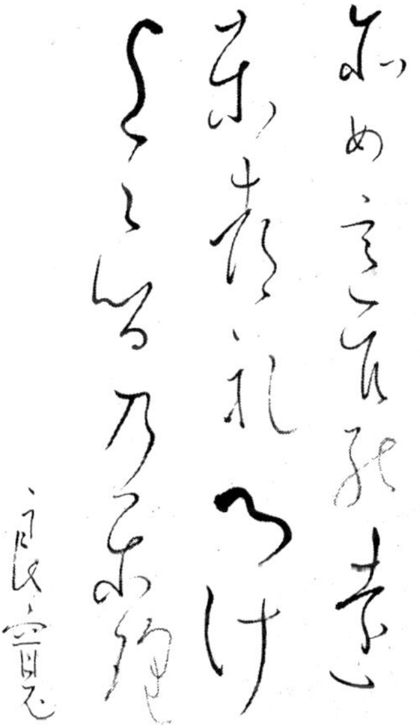

Hier die Zeichen in gedruckter Schrift:

所女意呂能遠
東都禮川計
与々留乃閑理

Dieser Text wird von oben nach unten und von rechts nach links gelesen. Am Schluss (links unten) signierte Ryōkan mit seinem Namen (良寛).

Diese Typen basieren auf der formalen Schrift chinesischer Zeichen. Ryōkan jedoch schrieb sie in kursiver Schrift. Es fällt auf, dass die von ihm geschriebenen und die hier in Druckschrift gezeigten Symbole sich derart voneinander unterscheiden, dass es schwer ist zu erkennen, ob sie demselben Schriftzeichen zuzuordnen sind.

Hier ein Beispiel, der verschiedenen Arten, die ersten fünf Schriftzeichen zu schreiben, »so«, »me«, »i«, »ro« und »no«.

Als Druckschrift sieht es folgendermaßen aus:

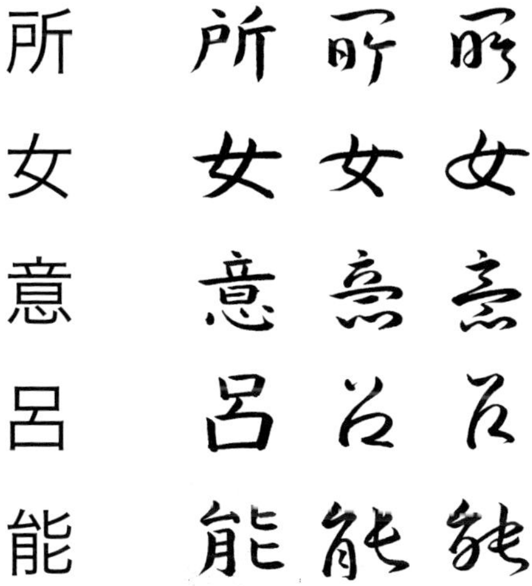

in üblicher Schreibweise:

所女意呂能遠
東都禮川計
与々留乃閑理

Definitionsgemäß hat jedes Zeichen seine eigene Bedeutung. Mit anderen Worten, jedes Symbol stellt ein Wort dar. In Manyōgana hingegen wird jedes Symbol rein als ein Laut gelesen:

so me iro no o
to tsu re tsu ke
yo yo ru no ka ri

Wenn wir das ursprüngliche Gedicht einfach alphabetisieren, gibt es weder Groß- noch Kleinschreibung, noch Satzzeichen. Umgeordnet in das Haiku-Format von fünf, sieben und fünf Silben sieht das Ganze so aus:

所女意呂能
遠東都禮川計与
々留乃閑理

so me i ro no
o to tsu re tsu ke yo
yo ru no ka ri

Verwandeln wir das elaborierte Manyōgana in ein Standard-Kana, so ist der Klang gleich, sieht aber so aus:

そめいろの
をとつれつけよ
よるのかり

Im klassischen Schreibstil werden manche Konsonanten als »leise« bezeichnet, wie »k«, »t«, oder »ts«. Diese können entweder leise eingesetzt werden oder als »g«, »d« oder »z« ausgesprochen werden. Um den Unterschied deutlich zu machen, kann ein Paar von kleinen Punkten in der oberen rechten Seite der Zeichen angebracht werden. Das ist auch im modernen Japanisch so. Die stimmlosen Konsonanten k, t oder h werden durch die kleinen Punktstriche (»tenten«) oben rechts zu g, d oder b, den stimmhaften Konsonanten.

Wenn wir diese Veränderungen anwenden, so stellen sich die weicheren Klänge in dem Gedicht in folgendem Aussehen dar:

そめいろの
をとづれつげよ
よるのかり

so me i ro no
o to zu re tsu ge yo,
yo ru no ka ri

Für Japaner ist es relativ schwierig, einen Text zu verstehen, der ausschließlich auf Phonogrammen, auf Klangschrift, basiert. Ein Text kann in verschiedenen Kombinationen von phonetischen und ideographischen Schriftzeichen geschrieben werden.

Das Tanka könnte daher auch so aussehen:

そめいろの
をとづれつげよ
夜の雁

蘇迷盧の
をとづれつげよ
夜の雁

蘇迷盧の
訪れつげよ
夜の雁

Wie man am obigen Beispiel sieht, besitzt die japanische Schriftsprache eine Vielzahl von Kombinationsmöglichkeiten, um ein und denselben Satz derselben Bedeutung und desselben Klangs darzustellen. Jede Kombination hat eigene visuelle, literarische und psychologische Implikationen. Die Wahl der jeweiligen Zusammensetzung stellt einen wichtigen Bestandteil der poetischen Ausdrucksweise dar.

Vielleicht ist die japanische Sprache die einzige, die diese Kennzeichen aufweist. Obschon Ryōkan in jungen Jahren eine Mischung aus Klangschrift und Ideographen benutzte, sind die späteren Gedichte oft in Manyōgana verfasst.

Optisch betrachtet, sind die Zeichen der Standard-Klangschrift weich, flüssig und relativ einfach gehalten. Ideographe hingegen sind eher aufwändig und komplex sowie reich an Assoziationsmöglichkeiten. Manyōgana besitzt beide Charakteristika, da sie die chinesischen Schriftzeichen zwar auf ihren Lautwert reduziert, sich aber auch zunehmend mit klassischen chinesischen Ideogrammen vermischte.

Dem Redefluss folgend, unter Einbeziehung von Satzzeichen und Grammatik liest sich das Gedicht so:

> Someiro no
> otozure tsugeyo,
> yoru no kari.

Wort für Wort bedeutet dies:

> Sumeru, von
> Besuch (bedeutet auch: Neuigkeiten), verkünden (hier im Imperativ)
> Gänse des Abends/Gänse am Abend

Unsere Übersetzung lautet:

> Sag mir die Neuigkeiten
> von Sumeru,
> Abendgänse.

»Someiro« ist eine japanische Transliteration des chinesischen Wortes »Sumilu«, welches wiederum eine Transliteration des alten indischen Sanskrit-Wortes »Sumeru« darstellt. Es bezeichnet den Namen eines Berges, welcher der Mythologie nach als das Zentrum der Welt betrachtet wurde und als Wohnsitz der Gottheit Indra galt. Deswegen steckt in »Someiro« auch ein wenig »Himmel«.

Ryōkan verfasste dieses Haiku in Antwort auf das Todesgedicht seines Vaters Inan:

> Ich werde ein Schild
> für den Berg Sumeru
> aufstellen
> als Erinnerung,
> nachdem ich vorbeigekommen bin.

Ryōkan wollte, dass die Gänse ihm über den Verbleib seines Vaters im Himmel berichten. »Someiro« hat jedoch noch eine andere Bedeutung: »Verfärbung« – 染め色.

Das Gedicht kann also auch lauten:

> Erzählt mir über den Besuch
> herbstlicher Farben,
> Abendgänse.

Dieses Werk bezieht seine kalligraphische Schönheit aus der Beachtung des rhythmischen Wechsels der Stärke einzelner Pinselstriche, dem sanften Hin- und Herwiegen der einzelnen Spalten untereinander und den besonders grazilen Ligaturen der letzten drei Schriftzeichen.

In der Kalligraphie kommt es auf Schönheit und Ausdruck des Pinselstrichs sowie der einzelnen Schriftzeichen an und auf ihr räumliches Verhältnis zueinander.

Hierbei wird auf ein spannungsvolles, manchmal auch auf den Gedichtsinhalt bezogenes Verhältnis von leerer (negativer) Fläche und beschriebenem Papier geachtet. Durch die auf den ersten Blick dysproportional wirkende unbeschriebene Fläche im linken oberen Feld wird nicht nur der Ausdruck des Gedichtes unterstrichen, sondern auch ein perfektes Gleichgewicht zu den rhythmischen Teilen des Werkes erzielt.

Hier ein Beispiel für ein Tanka Ryōkans:

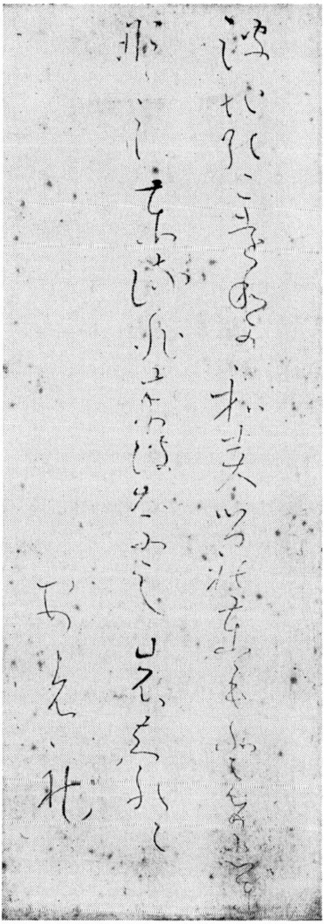

波地能己遠和可和春留禮東毛登留悲
那之東流非東波奈之者知能己安者禮
東

Die horizontalen Formen in Manyōgana, in Standard-Lautschrift und in alphabetisierter Form sehen so aus:

波地能己遠和可和春留禮東毛登留悲東
那之東流非東波奈之者知能己安者禮

はちのこをわかわするれともとるひと
なしとるひとはなしはちのこあはれ

ha chi no ko wo wa ka wa su ru re to mo to ru hi to
na shi to ru hito ha na shi ha chi no ko a ha re

Die Standard-Lautschrift kann in ein Format von fünf, sieben, fünf, sieben, fünf Silben gebracht werden, weiter unten die romanisierte Version. Eine fehlende Silbe wurde eingefügt:

はちのこを
わがわするれども
とるひと(は)なし
とるひとはなし
はちのこあはれ

Hachi no ko wo
Wa ga wasure domo
toru hito (wa) nashi
toru hito wa nashi
hachi no ko aware

Wort für Wort bedeutet dies:

Schale Kind
Ich vergaß, aber
Nimm sie, da ist keine
Nimm sie, da ist keine
Schale Kind, bedauerlich.

Als Gedicht in deutscher Übersetzung:

Meine arme Bettelschale.
Ich habe sie vergessen.
Aber niemand hat sie genommen.
Niemand würde sie nehmen.
Meine arme Bettelschale.

Dieses Tanka wurde als zwei besonders dünne, locker tanzende Linien geschrieben, betont nur durch einige nasse Betonungen mit dem Pinsel.

In der letzten Spalte steht »geschrieben von Ryokan«.

Hier ein Beispiel eines langen Waka oder Choka:

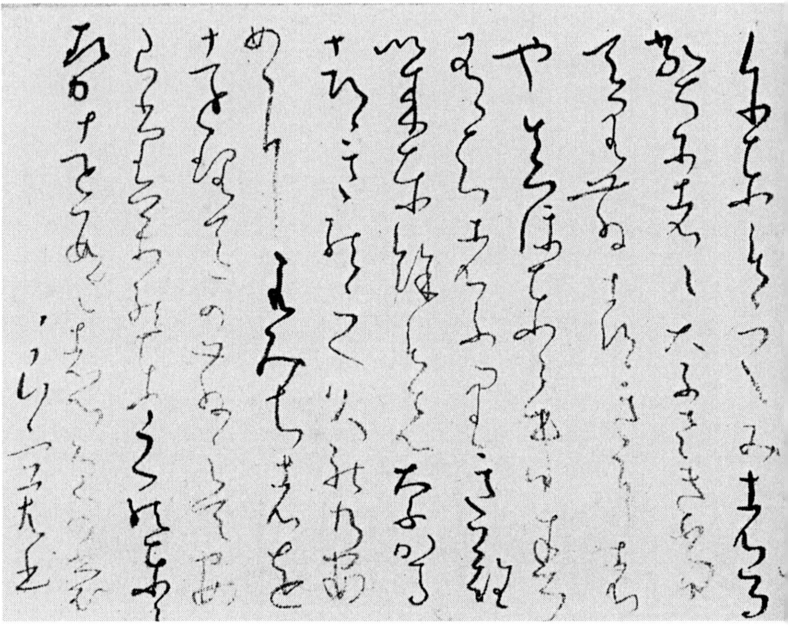

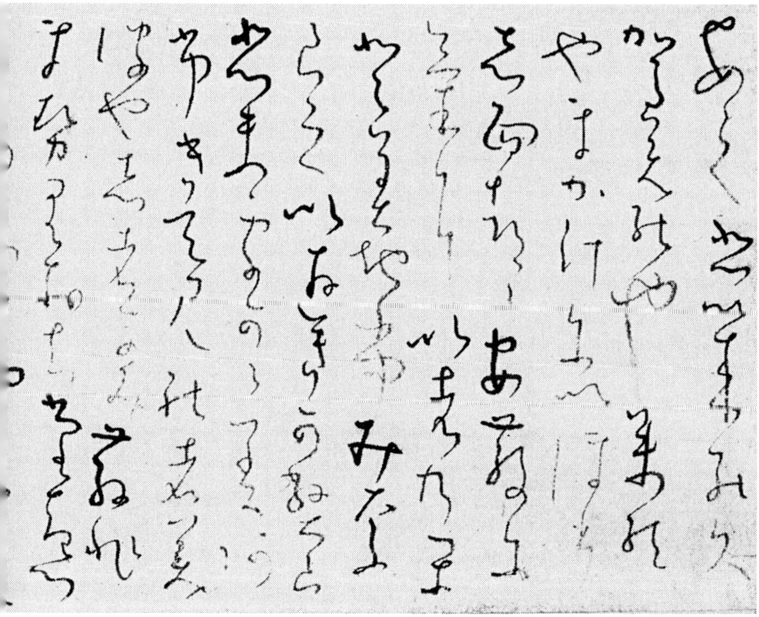

In einem horizontalem Format:

安之悲幾能久
駕美能也萬能
也末加計爾以保利
志面都々安散爾
気耳以者乃閑
登美地布美奈
良之以遊幾可弊良
悲末處可々美阿
布幾天見禮者美
波也志者可美散非
末勢里於知堂起川
美於東左也氣之
楚己遠之毛安也
爾東毛之美者留
弊爾者々奈左幾當
天里散都幾耳者
也真保東々幾春
有知者不里幾難
幾東餘毛志奈駕
都幾能之久禮乃安
女耳毛美知者遠
遠理天可散之天安
良堂萬能東之能東々
勢遠數己志川留可裳

In Standard-Lautschrift:

あしひきのく
かみのやまの
やまかけにいほり
しめつつあさに
けにいはのか
とみちふみな
らしいゆきかへら
ひまそかかみあ
ふきてみれはみ
はやしはかみさひ
ませりおちたきつ
みおとさやけし
そこをしもあや
にともしみはる
へにははなさきた
てりさつきには
やまほとときす
うちはふりきな
きとよもしなか
つきのしくれのあ
めにもみちはを
をりてかさしてあ
らたまのとしのとと
せをすこしつるかも

Romanisiert:

a shi hi ki no ku
ka mi no ya ma no
ya ma ka ke ni i ho ri
shi me tsu tsu a sa ni
ke ni i ha no ka
to mi chi fu mi na
ra shi i yu ki ka he ra
hi ma so ka ka mi a
fu ki te mi re ha mi
ha ya shi ha ka mi sa hi
ma se ri o chi ta ki tsu
mi o to sa ya ke shi
so ko wo shi mo a ya
ni to mo shi mi ha ru
he ni ha ha na sa ki ta
te ri sa tsu ki ni ha
ya ma ho to to ki su
u chi ha fu ri ki a
ki to yo mo shi na ka
tsu ki no shi ku re no a
me ni mo mi chi ha wo
wo ri te ka sa shi te a
ra ta ma no to shi no to to
se wo su ko shi tsu ru ka mo

Die Standard-Lautschrift kann in das Format von fünf oder sieben Silben gebracht werden:

あしびきの
くがみのやまの
やまかげに
いほりしめつつ
あさにけに
いはのかどみち
ふみならし
いゆきかへらひ
まそかがみ
あをぎてみれば
みはやしは
かみさびませり
おちたぎつ
みおとさやけし
そこをしも
あやにともしみ
はるべには
はなさきたてり
さつきには
やまほととぎす
うちはふり
きなきどよもし
ながつきの
しぐれのあめに
もみぢばを
をりてかざして
あらたまの
としのととせを
すごしつるかも

Romanisiert und nach Abschnitten geordnet:

ashibiki no
Kūgami no ya ma no
yama kage ni
iori shime tsutsu
asa ni ke ni
iwa no kado michi
fuminara shi
iyuki kaera i
maso kagami
augi te mire ba
mihayashi wa
kamisabi mase ri
ochitagi tsu
mioto sayake shi
soko wo shi mo
ayani tomoshimi
harube ni wa
hana saki tate ri
satsuki ni ha
yama hototogisu
uchiha furi
ki naki doyomoshi
nagatsuki no
shigure no ame ni
momijiba wo
ori te kazashi te
aratama no
toshi no totose wo
sugoshi tsuru kamo

In einer deutschen Übersetzung:

Ausgebreitet
der Berg Kūgami.
Im Schatten
einer Hütte lebe ich,
gehe auf felsigen Wegen
vor und zurück
morgens und abends.
In den heiligen Wald schaue ich
wie in einen Spiegel.
Erfrischend wirkt das Rauschen
des Wasserfalls
Es zieht mich hin
zu diesem Ort.
Blumen stehen im Frühling auf
und erblühen.
Frei heraus singt
der Bergkuckuck
und schlägt seine Flügel
im fünften Monat.
Während Regenschauern
im neunten Monat
breche ich einen Ahornast ab
und bewundere ihn.
So habe ich
zehn lange Jahre
neue Juwelenzeit verbracht.

In der letzten Spalte findet sich die Signatur »von Ryōkan geschrieben«.

Zum Abschluss ein Beispiel von Ryōkans Kanshi oder chinesischen Gedichten:

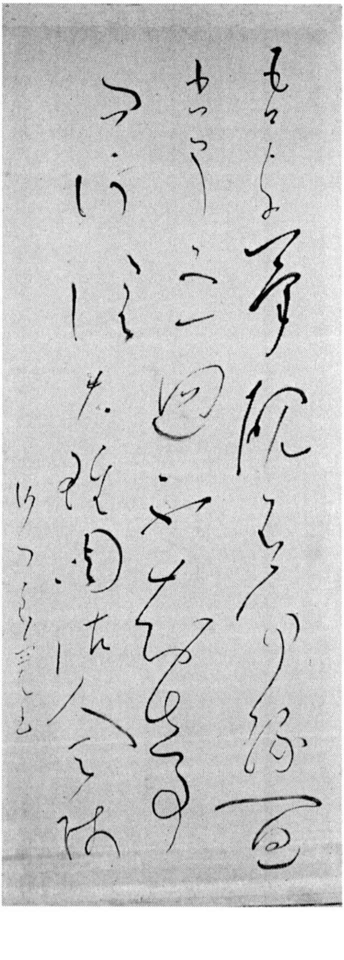

吾與筆硯有何縁一回
書了又一回不知此事
問阿誰大雄調御人天師

In horizontaler Form und mit sieben Schriftzeichen pro Spalte:

吾與筆硯有何縁一回
書了又一回不知此事
問阿誰大雄調御人天師

吾與筆硯有何縁
一回書了又一回
不知此事問阿誰
大雄調御人天師

Auf Chinesisch:

wu yu bi yan you he yuan
yi hui shu liao you yi hui
bu zhi ci shi wen a shei
da xiong diao yu ren tian shi

Im Allgemeinen reimen sich Gedichte im chinesischen Stil, selten allerdings bei Ryōkan.

Hier die sino-japanische Transliteration:

ga yo hitsu ken u ka en
ichi kai sho ryō yū ichi kai
fu chi shi ji mon a sui
dai yū chō gyo nin ten shi

ga yo hikken u ka en
ikkai sho ryō yū ikkai
fu chi shi ji mon asui
daiyū chōgyo nindenshi

Da es zahllose Homonyme gibt – gleichlautende Schriftzeichen –, ist es unmöglich, das Gedicht nur dem alleinigen Hören nach zu verstehen.

In Japan zieht man es daher vor, modifizierte Kanshi mit zusätzlichen Beiwörtern zu lesen.

Manchmal wird hierbei auch die Reihenfolge der Wörter verändert. Das ist zum Beispiel erforderlich, wenn auf ein transitives Verb im Chinesischen das Objekt folgt, wobei diese Reihenfolge im Japanischen genau umgekehrt ist.

Die Lesung einzelner Schriftzeichen kann innerhalb eines Gedichtes auch zwischen Japanisch und Sino-japanisch variieren. Das wird als *kanbun-yomi* bezeichnet: die japanische Art, Chinesisch zu lesen.

Das liest sich so:

ware to hikken to nani no en ka aru
ikkai kaki owari te mata ikkai
shira zu kono koto wo asui ni tou ya
daiyū chōgyo nindenshi

In einer deutschen Übersetzung:

Was ist mein Schicksal mit Tuschestein und Pinsel?
Sobald ich ein Werk beende, erscheint ein Neues.
Ich weiß nicht, wen ich dies fragen soll.
Vielleicht den Großen Helden, Tamer, Meister der Menschen und Gottheiten.

Die drei Namen im letzten Satz bezeichnen einige der Ehrentitel für Shākyamuni Buddha.

Es gibt sehr verschiedene Arten Ryōkans Gedichte zu lesen.

Man kann:

1. jedes Schriftzeichen oder jede Lautschrift identifizieren (Manyōgana);
2. die halb-kursive und kursive Schrift in formale Schrift oder Druckschrift umwandeln;
3. jeden Satz so aussprechen, wie er geschrieben ist;
4. zusammengesetzte Schriftzeichen ihrer Bedeutung nach unterteilen;
5. die Semantik verstehen;
6. jeden Satz so aussprechen, wie er im heutigen Japan verständlich wäre;

7. historische Referenzen suchen;
8. den jeweiligen Satz im Zusammenhang mit Ryōkans Übung und Leben lesen.

Anhang

Anmerkungen

S. 89

»Neuer Teich …« – Parodie auf ein berühmtes Gedicht von Bashō (Matsuo Bashō, 1644–1694), bedeutender Vertreter der japanischen Versform des Haiku.

Alter Weiher.
Ein Frosch hüpft hinein.
Plitsch.

Akō – Stadt in der Provinz Harima (heute: Präfäktur Hyōgo). Tanka, in Anlehnung an Takatsuna Minamoto (1043–1074), aus der *Neuen Kokin-Anthologie*, zusammengetragen 1205.

»Bergsturm«
Zweisamkeit wird manchmal durch zwei einander berührende Ärmel dargestellt.

In einem Bergdorf aus Schilfdachhütten
schlafe ich des Nachts während meiner Reise
auf einem Ärmel meiner weißen Robe.

S. 90

»Am nächsten Tag kam ich zu einem Ort namens Karatsu …«

Karatsu – alter Name für Fukudomari, ein Stadtteil von Himeji, in der Provinz Harima (heutige Präfäktur Hyōgo).

Dieses Tanka lehnt sich an ein altes Gedicht an, welches sich wiederum auf die Romane *Genji-Monogatari* und *Sagoromo Monogatari* bezieht, die um 1000/1077 entstanden sind.

Habe ich das erwartet?
Vorbei an einem Tor rankender Pflanzen
schlafe ich draußen
auf einem Graskissen
am Wegesrand.

S. 90
Hauptstadt – Kyōto.

S. 91
Provinz Ōmi – heutige Präfäktur Shiga.

S. 91 f.
Takuhatsu: Takuhatsu – traditioneller Bettelgang japanischer Mönche und Nonnen.

Stapel Schwerter – wörtlich: Höllenberg an Schwertern. Dem buddhistischen Volksglauben zufolge werden Schwerter zur Peinigung von Gefangenen auf einem Berg »gepflanzt«.

»Wacher Füße Schritte löschen langsam kochende Hitze« – wörtlich: »kochender Hexenkessel«. Im buddhistischen Volksglauben gibt es die Vorstellung, dass Gefangene in einem Kessel mit kochendem Wasser gefoltert werden.

»Prinz des Königs Suddodhana« – Prinz Siddhartha, der spätere Shākyamuni Buddha. Ryōkan ging, wie seine Zeitgenossen, davon aus, dass Shākyamuni Buddha um 900 v. Chr. lebte. Heute werden die Lebensdaten des historischen Buddha auf ca. 566–486 v. Chr. datiert.

Goldener Asket – Mahākashyapa, der als der erste Ahne Shākyamuni Buddhas in der Zen-Tradition gilt.

Shākya-Familie – Shākyamuni Buddhas Gemeinschaft.

»Der alte Mann Vimalakirti« – bekannter Laienschüler, Hauptfigur des Vimalakirti-Sutras.

»Übe fest wie ein Berg …« – wörtlich: bis zum Jahr des Esels – Anlehnung an den chinesischen Kalender. Ein »Jahr des Esels« ist darin nicht enthalten.

S. 94

gebogener Zeremonienstab – kurzer Stab aus Holz oder Bambus mit einem gekrümmten Ende. Symbol des Dharma (der buddhistischen Lehre).

schwarzer Drache – Symbol des tiefen Erwachens, oft dargestellt mit einer Perle oder einem Juwel im Kamm des Drachen.

blauer Elefant – Fabelwesen, dafür bekannt, dass er über Wasser laufen kann.

S. 95

»Gewand der Freiheit« – die ersten beiden Zeilen beziehen sich auf eine Rezitation von Zen-Übenden, bevor sie ihre Roben anlegen:

Wie groß ist das Gewand der Freiheit,
ein Feld des Glücks jenseits aller Formen.
Nun trage ich des Tāthagatas Lehre,
um alle Wesen zu befreien.

S. 95

Zither – wörtlich: koto – japanische Zither.

S. 96

»Wenn Zhaozhou fragt …« – der Zen-Meister Zhaozhou Congshen (China 778–897) wurde einst gefragt:
»Hat ein Hund Buddha-Natur?«
Er antwortete einmal mit »ja« und einmal mit »nein«.
Berühmtes Koan (paradoxes Rätsel) aus der Zen-Tradition.

S. 97/98

»Vergänglich und flüchtig …«

Vier Elemente – alte indische Einteilung: Erde, Wasser, Feuer und Luft.

Sechs Wurzeln – Augen, Ohren, Nase, Zunge, Körper, Geist.

Gelbe Quellen – Welt der Verstorbenen.

S. 98 f.

Mönche: »die weiße Roben tragen« – buddh. Laien.

Drei Bereiche – die gesamte Welt der Erscheinungen:

1. Die Welt des Verlangens, einschließlich der Sechs Daseinsbereiche, auch Sechs Pfade genannt: Bereich der Himmlischen Wesen, der Menschen, der Kämpfenden Geister, Tiere, Hungrigen Geister und Höllenwesen.
2. Welt der Form – frei von Verlangen.
3. Welt der Nicht-Form – höchster Bewusstseinszustand, der durch Meditation erlangt werden kann.

Drei Arten der Handlung – Körper, Rede, Geist.

S. 100 f.

Chugens Lied – entstanden 1796.
Chugen: der fünfzehnte Tag (Vollmond) des siebten Monats.

Urabon – Zeremonie zum Trost der Geister der Verstorbenen, findet in diesem Zeitraum statt.

Neun Felder – Friedhof, andere Welt.

»Letztes Jahr machte ich mich auf nach Kyōto und weinte …« – Ryōkan nahm 1795 an einer Beerdigungszeremonie für seinen Vater teil, die neunundvierzig Tage nach dessen Tod abgehalten wurde.

Fluss Ki – fließt durch die Provinz Kii, der heutigen Präfäktur Wakayama. Hier befindet sich das Zentrum der Shingon-Schule, der Berg Kōya.

S. 102 f.

Rede:

Geierberg – Berg im alten Königreich Magadha im nordöstlichen Indien. Hier soll Shākyamuni Buddha oft gelehrt haben.

Himmlische Wesen – indische Gottheiten und Halbgottheiten.

Bodhisattva – Sanskrit, von *bodhi* (tiefes Erwachen, Erleuchtung) und *sattva* (Wesen). Der Kern der Bodhisattva-Vorstellung besagt, nicht nur um seiner selbst willen erwachen zu wollen, sondern auch, um alle anderen fühlenden Wesen hierin zu unterstützen.

Nāgārjuna – 2./ 3. Jh., gilt als einer der bedeutendsten buddhistischen Philosophen Indiens und wird als vierzehnter indischer Ahne der Zen-Tradition betrachtet. Im Mittelpunkt seiner Lehre steht der Bergriff *shūnyāta* – Leere, Leerheit

Kloster Baime – gebaut im Jahre 68 v. Chr. in der damaligen Hauptstadt Luoyang. Erster buddhistischer Tempel Chinas.

Bodhidharma – Indien/China, 5. – 6. Jh. Ist der erste chinesische Ahne der Zen-, (Chan-)Tradition. Übte und lehrte der Legende nach im Shaolin-Kloster auf dem Berg Song (Henan).

Großes Reich der Tang – chinesische Tang-Dynastie, 618–907.

Plötzliche und allmähliche Lehren, Nördliche oder Südliche Schulen – Dajian Huineng (jap. Daikan Enō), 638–713, der Sechste Ahne, gilt als Begründer der Südlichen Schule des Zen. Sein Dharma-Bruder Yuquan Shenxiu (jap. Jinshū), ca. 706, gilt als Begründer der Nördlichen Schule. Erstere betont plötzliches tiefes Erwachen, letztere allmähliches tiefes Erwachen. Nur die Südliche Schule überlebte.

Song-Dynastie – China, 960–1279.

Fünf Schulen – die großen Schulen des Zen-Buddhismus zum Ausklang der späten Tang-Dynastie: Fayan-, Guiyang-, Caodong-, Yunmen-, und Linji-Schule.

Acht Schulen – der Buddhismus wurde in Japan ab 552 durch Mönche von der koreanischen Halbinsel in Form der Acht Schulen eingeführt.

Eihei Dōgen – lebte 1200–1253. Japanischer Mönch, der den Stil der Caodong-, (Sōtō-)Zen-Schule nach Japan brachte. Begründer des Klosters Eiheiji in Echizen, der heutigen Präfäktur Fukui. Er gilt als der Gründer der Sōtō-Zen-Schule. Sein Lebenswerk ist das *Shōbōgenzō (Schatz des Wahren Dharma-Auges)*. Ryōkan war ein glühender Verehrer von Dōgens Schriften.

Taibos Siegel – Tiantong Rujing (China, 1163–1228). Abt des Klosters Jingde auf dem Berg Tiantong (Taibo) in der Region Ming (Zhejiang). Letzter Lehrer Dōgens in China. Er übertrug ihm die Weitergabe des Dharma.

Drachen und Elefanten – Bezeichnung für hervorragende Schüler des Zen.

Shintō – japanische Nationalreligion. Shintō-Gottheiten wurden als lokale Repräsentanten von Buddhas und Bodhisattvas betrachtet. Bis zur Kaiserlichen Reformation im späten 19. Jh. vermischten sich Elemente aus Shintōismus und Buddhismus.

S. 105

Samādhi – Zustand meditativer Versenkung.

S. 107

Pari-Nirvāna – am fünfzehnten Tage des zweiten Monats (oder am achten Februar) wird in verschiedenen Ländern der Todestag des historischen Shākyamuni Buddha bedacht.

S. 108

»Ein Spaziergang mit dem Ehrwürdigen Tenge an einem Herbsttag in Izumosaki:«
Izumosaki Ryōkans Geburtsort in der Provinz Echigo. Siehe Einleitung.

Ehrwürdiger Tenge – Abt des Tempels Jogen in Izumosaki. Als Mönch der Reinen-Land-Schule war er verheiratet. Sein Sohn Chigen, ebenfalls ein Mönch, war mit Ryōkans jüngster Schwester Mika verheiratet.

S. 108

Stadt Niigata – Hafenstadt in Echigo (heutige Präfaktur Niigata).

Ehrwürdiger Ugan – (1738–1808), Sōtō-Mönch, der auch Dichter, Kalligraph und Maler war. Enger Freund Ryōkans, der ihn auch künstlerisch beeinflusste. Abt der Tanomo-Einsiedelei in Shin'iida.

S. 109

»Nachdem ich in einer Herbstnacht in den Koju-Hallen übernachtet habe …«

Koju-Hallen – Tempel der Bodhisattva Akashagarbha aus dem Vajrayana-Buddhismus. Ryōkan schrieb dieses Gedicht im Kloster Enzō, Yanaizu, in der Provinz Iwashiro (heutige Präfaktur Fukushima).

Fünfte Nachteinheit – kurz vor Morgenanbruch. Das letzte Fünftel der Nacht.

Koju-Welt – die mystische Welt der Bodhisattva Akashagarbha.

S. 110
»Am zweiten Tag des zwölften Monats erhielt ich Gaben an Süßkartoffeln …«

Shukumon – (1765–1819), Ortsvorsteher von Makigahana. Sein Familenname lautete Kera. Klassenfreund Ryōkans, als sie unter Shiyō Ōmori studierten, und einer der wesentlichen Unterstützer Ryōkans. Sein Sohn Yoshishige schrieb *Anekdoten des Zen-Meisters Ryōkan.*

Erleuchtungszeremonie – wörtlich: jōdō-e, Zeremonie anlässlich von Buddhas Erleuchtung, gefeiert am achten Tag des zwölften Monats, auch *Rohatsu* genannt.

Alter Mann aus Indien – Shākyamuni Buddha.

S. 112
Nachricht vom Todes Yukinoris:

Yukinori – Klassenkamerad Ryōkans an der Kyozen-Schule in Jizōdō, an der beide von Shiyō Ōmori unterrichtet wurden. Später Ortsvorsteher von Jizōdō. Starb wahrscheinlich, während Ryōkan auf Wanderschaft war.

Goldener Zauberer – Shakayamuni Buddha.

Östliche Hauptstadt – Edo, heutiges Tokio.

Westliche Hafenprovinz – Provinz Bitchu (siehe Einleitung).

Gelbe Quellen – die Welt der Verstorbenen.

Drei Bereiche – siehe Anmerkung S. 190

Sechs Pfade – siehe Anmerkung S. 190

S. 115

»Für Dich, der Du nur selten kommst …«
geschrieben an Sadayoshi Abe, Dorfvorsteher von Watabe in der Nähe von Yoita.

S. 116

»Anlässlich des Todes von Shigenori Yamada, einem Waka-Dichter:«
Shigenori Yamada – Waka-Dichter, im Stadtältestenrat von Yoita, verstorben am dreizehnten des achten Monats 1806.

S. 120 f.

»Mit dem Mond spielend an einem Abend im Herbst …«

Predigten am Berge Ryōzen – der Zen-Legende nach hielt Shākyamuni Buddha auf dem Geierberg eine Blume hoch und blinzelte. Mahākashyapa, einer seiner Schüler, lächelte.
Daraufhin sprach der Buddha: »Ich habe den Schatz des wahren Dharma-Auges, wunderbares Herz des Nirvāna. Nun gebe ich es an Mahākashyapa weiter.«

Fingerzeige im Tale von Sokei – Daikan Enō (chin.: Dajian Huineng), der Sechste Ahne, lehrte auf dem Berge Caoxi (jap. Sokei) in der Shao-Region (Guangdong). Er wurde auch mit dem Namen des Berges bezeichnet, auf dem er wohnte. Er sprach: »Vom Buddha zu sprechen, der das Dharma an Mahakashyapa weitergab, ist, wie wenn ich zum Mond mit einem Fächer deuten würde.«

»Sicher wisst ihr alle, ob des Mondschauens vor langer Zeit …« – Zen-Meister Baso Dōitsu (chin.: Mazu Daoyi), 709–788, lebte in Jiangxi. So wurde er auch in seiner Heimat genannt.

Seine bekanntesten Schüler waren:
1. Nansen Fugan (chin.: Nanquan Puyan), 748–835
2. Seidō Chizō (chin.: Xitang Zhizang), 735–814
3. Hyakujō Ekai Puyuan (chin.: Baizhang Huaihai), 720–814

Eines Abends beim gemeinsamen Betrachten des Mondes fragte Baso:
»Was macht ihr bei einer solchen Gelegenheit?«
Seidō Chizō sagte: »Ich bringe dem Buddha Gaben dar und rezitiere ein Sutra.«
Hyakujō sagte: »Ich übe Zazen.«
Nansen schlug seine Ärmel zurück und ging wortlos davon.
Baso wandte sich Seidō Chizō (Xitang Zhizang) zu und sprach: »Die Sutren werden dir folgen.«
Hierbei benützte er ein Wortspiel: »Die Sutren werden Zang (seinem chinesischen Namen) folgen.« »Zang« bedeutet auch »Korb«, als würde er Buddhas Worte tragen.

Basō wandte sich Hyakujō Ekai Puyuan (Baizhang Huaihai) zu und sagte: »Die Meditation (dhyana) wird zur See zurückkehren.« »Hai«, ein Teil seines chinesischen Namens, bedeutet »See«.
Zum Schluß sagte Baso:
»Nansen allein ist jenseits der Formen gegangen.«

»Seht Ihr ebenso Yakusan, der beim Schauen des Mondes in sein berühmtes Lachen ausbrach?« – Der Zen-Meister Yakusan Igen (chin.:Yaoshan Weiyan), 745–828, erstieg einst einen Berg, saß in Zazen und übte Gehmeditation. Beim Anblick des Mondes, der hinter den Wolken hervortrat, begann er so laut zu lachen, dass es bis ins Dorf zu hören war.

S. 121

Halle Amitābhas – Shintō-Schrein auf dem Berg Kūgami.

S. 122

Han – hölzernes Klanginstrument im Zen, dessen Signal den klösterlichen Tagesablauf unterteilt.

S. 123

in den Drei Welten – Gegenwart, Vergangenheit und Zukunft.

S. 124

Berg Song – siehe Anmerkung zu S. 103

S. 125

Drei Berge – legendäre Berge, in denen Zauberer lebten.

S. 126 f.

»Für einen Blumendieb« – Chōka, das für Jakusai Harada (1763–1827) geschrieben wurde, einen Klassenfreund Ryōkans unter Shiyō Ōmori. Er war Arzt am Berg Magi in der Stadt Kūgami.

S. 128

»Ich stehe auf …« – kami: Gottheit in der Shinto-Religion

S. 129

»Heute werde auch ich mich …« – in der japanischen Poesie bedeutet »hana« Kirschblüte, falls nicht genauer bezeichnet.

S. 130

«Der Weg im Schnee …« – geschrieben an den Inhaber des Süßwarenladens Miura-ya in Sanjo.

S. 131

Neujahr – Frühlingsanfang im Mondkalender.

S. 131

Catalpa-Bogen – den Bogen (jap. haru) schlagen, Homonym für »Frühling« – ebenfalls »haru«. Catalpa (bot.): Trompetenbaum.

S. 133

Imo – Pocken.

S. 134

Amitābha Buddha – zentrale Figur in der Schule der Reinen-Land-Lehre.

S. 136

»Um den zehnten des zweiten Monats …«
Arinori – der mit Ryōkan befreundete Arzt Jakusai Harada.

S. 138

»Wenn jemand fragt …«
himmlisches Flussufer – Milchstraße

S. 142

Bon-Tanz – Tanz am Abend des Urabon-Festes (siehe auch S. 101)

S. 142

»An Yūshi geschrieben und versendet« – Yūshi (1762–1834) war Ryōkans Lieblingsbruder. Er folgte ihm auf Wunsch des Vaters als Ortsvorsteher, scheiterte aber wie Ryōkan und wurde ebenfalls Mönch und Dichter. Den letzten Teil seines Lebens verbrachte Yūshi in einer Einsiedelei in Yoita.

S. 142

»Dich heute sehend« – dieses Gedicht schrieb Ryōkan ebenfalls an Yūshi, als er im Winter 1830 schwer erkrankte und Yūshi sich um ihn kümmerte.

S. 143

»Wenn Du dem ursprünglichen Gelübde …« – in der Reinen-Land-Schule wird das achtzehnte der insgesamt achtundvierzig Gelöbnisse Amitābha Buddhas besonders verehrt: Darin verspricht der Buddha, dass alle Wesen, die den tiefen Wunsch haben, in sein Reines Land zu gelangen, und die über wahres Vertrauen in ihn verfügen und seinen Namen aussprechen, auch tatsächlich sein Reines Land erreichen werden.

S. 144

»Welches Vermächtnis …« – bezieht sich auf eines von Dōgen Zenjis Waka-Gedichten:

Blumen im Frühling
Kuckuck im Sommer
Mond im Herbst
Schnee im Winter
kühl und gelassen.

S. 144

»Leb wohl« – aus der Reinen-Land-Schule: Verstorbene reisen auf einem Lotosblatt ins Westliche Paradies Amitābha Buddhas.

Orte im Zusammenhang mit Ryōkan

1. Japan

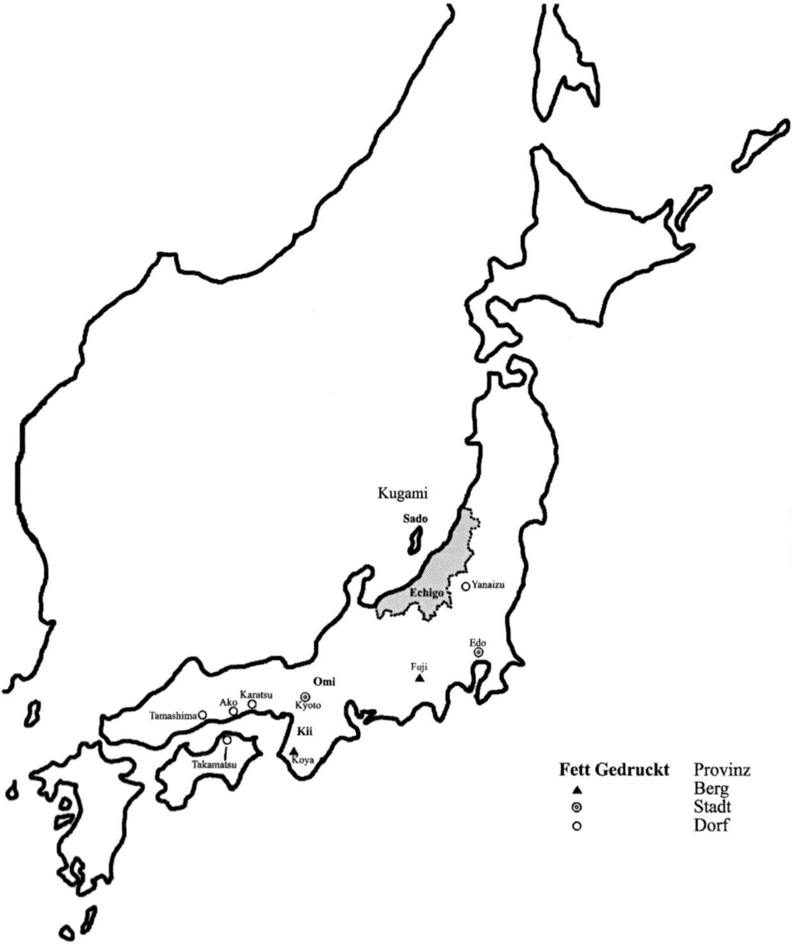

2. Echigo

Sado
Murakami
Shin'iida
Yamada
Niigata
Sone
Kugami
Takenomori
Teradomari
Shimazaki
Izumosaki
Tsubame
Jizodo
Yoita
Amaze
Kariwa
Fukushima
Nagaoka
Shinano
Echigo
Fett Gedruckt Provinz
Berg
Stadt
Dorf

Literatur

Deutsch

Stevens, John, *Eine Schale, Ein Gewand: Zen-Gedichte von Ryokan*, Leimen: Werner Kristkreitz Verlag, 1999.

Stevens, John, *Alle Dinge sind im Herzen: poetische Zen-Weisheiten von Meister Ryokan,* Freiburg i. Br.: Herder Spektrum, 2006.

Englisch

Abe Ryuichi and Haskel, Peter, *Great Fool: Zen Master Ryokan; Poems, Letters, and Other Writings.* Honululu: University of Hawaii Press,1996.

Kato Kiichi, Sanford Goldstein & Fujisato Kitajima, *Ryokan's Calligraphy.* Niigata City, 1997.

Kodama Masao & Yanagishima Hikosaku, *The Zen Fool Ryokan.* Tokyo: Charles E. Tuttle Company, 1999.

Kownacki, Mary Lou, *Conversations with Ryokan.* Michigan/Cambridge: Wm.B. Erdmans Publishing Company, 2004

Maloney, Dennis and Hide Oshiro, *Between The Floating Mist: Poems of Ryokan.* Buffalo, N. Y.: White Pine Press,1992.

Stevens, John, *One Robe, One Bowl: The Zen Poems of Ryokan.* Boston: Shambhala Publications (Weatherhill), 1977.

----------, *Dewdrops on a Lotus Leaf: Zen Poems of Ryokan*, Boston: Shambhala, 1993.

Watson, Burton, *Ryōkan, Zen Monk-Poet of Japan.* New York: Columbia University Press,1977.

Yuasa Nubuyuki, *The Zen Poems of Ryokan*. Princeton: Princeton University Press, 1981.

Japanisch

Iida Rigyo, *Ryokan Shishu Yaku* (Gesammelte Gedichte). Tokyo, Daihorin-kaku, 1969.

Kato Kiichi, *Ryokan Nyumon* (Einführung in Ryokan). Niigata-shi: Niigata Nippo Jigyo-sha, 2004.

----------. *Ryokan Kinenkan to Izumozaki* (Ryokan Museum und Izumozaki). Niigata-shi: Kokodo Shoten,1999.

Kino Kazuyoshi, *Meiso Retsuden* (Biographien herausragender Mönche), Band 2. Tokyo: Bungei Shunju, 1975.

Mamba Keigo, *Ryokan: Bunjin no Sho* (Ryokan: Kalligraphie eines Mannes der Schrift). Tokyo: Shinten-sha, 2007.

Maya Akira, *Ryokan Shisen: Seihin no Michishirube* (Ausgewählte Gedichte: Leitfigur edler Armut). Bui Tsu Sorushon Nagoya, 2008.

Tamaki Tetsu, *Ryokan no Sato Bijitsukan* (Ryokan's Museum). Kokodo Shoten Niigata-shi, 2001.

Tanikawa Toshiro, *Kochu, Ryokan Zenka Shu* (Ryokan's Waka). Tokyo: Shunju Sha, 1996.

----------. *Kochu, Ryokan Zenshi Shu* (Ryokan's Chinesische Gedichte). Tokyo: Shunju Sha, 1998.

----------. *Kochu, Ryokan Zenku Shu* (Ryokan's Haiku). Tokyo: Shunju Sha, Tokyo, 2000.

Ueda Miyoji, *Saigyo, Sanetomo, Ryokan*. Tokyo: Kotokawa Shoten, 1979.

Yoshino Hideo, *Ryokan Osho no Hito to Uta* (Priester, Mensch und Waka-Dichter). Tokyo: Yayoi Shobo, 1983.

Yukawa Kimihiro, (Hrsg.), *Ryokan: Hijiri ni ara zu, Zoku ni ara zu* (Ryokan: weder Weiser noch Laie), *Nihon no Kokoro 153*, Sonderausgabe von: *Taiyo.* Tokyo: Heibon-sha 2008.

Zen Bunka Kenkyujo (Zen Kulturinstitut), (Hrsg.). *Ryokan Osho Itsuwa Sen* (Ausgewählte Anekdoten des Priesters Ryokan). Kyoto: Zen Bunka Kenkyujo, 1998.

Abbildungen

Zu den Autoren

Kazuaki Tanahashi, Kalligraphie-Meister, Übersetzer, Autor, Dichter, Friedensaktivist. Als bildender Künstler hatte er Einzelausstellungen auf der ganzen Welt. Seine schriftstellerischen Veröffentlichungen umfassen zahlreiche Bücher, unter anderem über die Schriften von Dogen Zenji (1200–1253). Er begründete das Projekt »Nanjing«, welches die Versöhnung Japans mit China zum Ziel hat und gründete die Organisation »Eine Welt ohne Armeen«.
(www.brushmind.net)

Friederike Juen Boissevain, Dr. med. Dr. phil., arbeitet als Ärztin mit Krebskranken und ist Palliativmedizinerin und Ethikberaterin. Sie ist aktiv in der Hospizarbeit und Zen-Lehrerin in der Tradition von Shunryu Suzuki.
(www.wind-wolken-sangha.de)